François Charles

Recueil de management - tome 2

François Charles

Recueil de management - tome 2

Éditions Vie

Impressum / Mentions légales

Bibliografische Information der Deutschen Nationalbibliothek: Die Deutsche Nationalbibliothek verzeichnet diese Publikation in der Deutschen Nationalbibliografie; detaillierte bibliografische Daten sind im Internet über http://dnb.d-nb.de abrufbar.

Alle in diesem Buch genannten Marken und Produktnamen unterliegen warenzeichen-, marken- oder patentrechtlichem Schutz bzw. sind Warenzeichen oder eingetragene Warenzeichen der jeweiligen Inhaber. Die Wiedergabe von Marken, Produktnamen, Gebrauchsnamen, Handelsnamen, Warenbezeichnungen u.s.w. in diesem Werk berechtigt auch ohne besondere Kennzeichnung nicht zu der Annahme, dass solche Namen im Sinne der Warenzeichen- und Markenschutzgesetzgebung als frei zu betrachten wären und daher von jedermann benutzt werden dürften.

Information bibliographique publiée par la Deutsche Nationalbibliothek: La Deutsche Nationalbibliothek inscrit cette publication à la Deutsche Nationalbibliografie; des données bibliographiques détaillées sont disponibles sur internet à l'adresse http://dnb.d-nb.de.

Toutes marques et noms de produits mentionnés dans ce livre demeurent sous la protection des marques, des marques déposées et des brevets, et sont des marques ou des marques déposées de leurs détenteurs respectifs. L'utilisation des marques, noms de produits, noms communs, noms commerciaux, descriptions de produits, etc, même sans qu'ils soient mentionnés de façon particulière dans ce livre ne signifie en aucune façon que ces noms peuvent être utilisés sans restriction à l'égard de la législation pour la protection des marques et des marques déposées et pourraient donc être utilisés par quiconque.

Coverbild / Photo de couverture: www.ingimage.com

Verlag / Editeur:
Éditions Vie
ist ein Imprint der / est une marque déposée de
OmniScriptum GmbH & Co. KG
Heinrich-Böcking-Str. 6-8, 66121 Saarbrücken, Deutschland / Allemagne
Email: info@editions-vie.com

Herstellung: siehe letzte Seite /
Impression: voir la dernière page
ISBN: 978-3-639-84749-9

Recueil de management

TOME 2

François CHARLES

COMPRENDRE LA SOLITUDE
DU DURIGEANT

Issu de l'administration puis de l'industrie et élevé au CAC 40, j'ai ensuite appris à connaître et à accompagner les PME, et même d'en créer. Quelle que soit la taille de l'organisation, le constat est le même: les entrepreneurs, dirigeants et managers sont chaque jour confrontés à un puzzle qui leur impose d'être à la fois créatif, développeur, gestionnaire mais également sage, moteur, transmetteur, acheteur, vendeur, conciliant, intransigeant, ami, parent. Ils doivent savoir adapter leur discours en fonction des circonstances afin d'optimiser l'imbrication étroite entre le fonctionnement et le développement de leur entreprise, de leur organisation ou de leur collectivité car désormais, les collectivités, institutions, établissements publics prennent aussi et enfin conscience des bienfaits d'un pilotage d'entreprise tout en respectant le filtre de certaines réalités.

Napoléon était seul pour décider bien qu'entouré de ses généraux. Le maréchal Joffre avait reconnu qu'il avait beaucoup moins d'admiration pour l'empereur depuis qu'il commandait une coalition. Mais rien ne dit que le premier n'aurait pas préféré être à la place du second et même ne pas faire la guerre …

En constante réflexion, un carnet toujours à la main, vérifiant tout ce qu'on lui dit, évitant la controverse, ayant une correspondance régulière, travaillant en collaboration, le dirigeant, homme ou femme, doit être performant et innovant, doit maîtriser son environnement à savoir la concurrence, les entrants, les substituts, les fournisseurs, les clients et les réglementations institutionnelles qui peuvent l'aider ou le freiner, faire preuve d'improvisation et d'initiative, veiller à transmettre les bons codes à ses collaborateurs et entretenir les bons réflexes.

Le dirigeant d'une petite et même d'une grosse organisation est plus seul qu'on ne le pense ou qu'on ne le voit. Le patron de PME sera très actif toujours le nez dans le guidon. N'aimerait il pas relever la tête et s'apercevoir qu'il peut travailler mieux et changer de cap avant la chute ? Quant au grand patron, apparemment très socialement entouré de sa « cour », n'aimerait-il pas connaître parfois la « vérité » avant le coup de théâtre de la faille prévisible en oubliant parfois qu'il était à la tête d'une PME. Le haut fonctionnaire propulsé à la tête d'une entreprise la dirigerait-il mieux s'il avançait sans filet ? Le président d'un Conseil Régional prendra-t-il les bonnes décisions pour le territoire et peut-il toujours avoir confiance en ses troupes, non élues ?

Le dirigeant sait aussi que les faillites sont certes issues de difficultés financières, parfois liées à un mauvais contexte économique, mais sont souvent le fruit de problèmes de management comme le manque de vision, de maîtrise, voire d'appréhension des processus vitaux et élémentaires pour l'entreprise. L'importance des enjeux de la prise d'information et de décision varie souvent avec la taille de l'organisation.

Bien entendu les clubs, organisations professionnelles et autres organismes consulaires ainsi que les multiples propositions de conseil sont là pour échanger. Mais le dirigeant a souvent besoin d'une vraie confiance et d'une écoute active à la fois méthodologique et experte de généraliste connectée sur les savoirs, les savoir-être et les savoir-faire. Elle va l'aider à prendre de la hauteur, décloisonner certaines fonctions mais aussi parfois le recadrer sans en avoir peur. Il ne s'agira ni l'expert comptable, ni le super-conseiller, ni le « dircab » qui se prend pour le chef, ni son conjoint.

Il pourra disposer d'un certain nombre d'outils qui lui permettront d'apprendre à connaître ses préférences, ses forces et ses faiblesses, pour fonctionner de façon équilibrée « sur ses deux pieds » et en interdépendance avant de franchir la ligne imaginaire de chaque action en fonction des situations et ne pas tomber dans le piège de l'adoption automatique de ce qui a marché pour Pierre ou Paul car chaque personne et chaque entreprise est différente.

Autant le dirigeant devrait maîtriser le vocabulaire stratégique (SWOT, PORTER, BCG…) et des processus d'atteinte d'objectif (GROW, SMART, AMDEC, 5S…), autant il semble aussi important qu'il montre une maîtrise du langage transactionnel. Il peut même optimiser son fonctionnement et sa prise de décision en décloisonnant l'utilisation de certains outils selon la méthode SPM. Bien entendu, nombre de dirigeants font déjà à l'instinct, mais c'est tellement mieux avec méthode. Les préférences d'attitudes et de fonctionnement peuvent être une force comme une faiblesse dans certaines situations. Il n'existe pas forcément de profil de dirigeant. Tout le monde en a les capacités avec des efforts différents. L'essentiel est d'agir en connaissance de cause sur ses quatre balances essentielles utilisées en MBTI en privilégiant d'abord ses forces mais en connaissant ses zones d'ombre pour mieux réussir ou gérer le stress de l'événement potentiellement perturbant. Je n'emploierai que peu d'exemples précis pour laisser libre court à l'imagination du lecteur sur l'entreprise ou à la gestion publique, nationale ou internationale

I - Quelle attitude de communication adopter ?

Certains tireront spontanément leur énergie du contact, élaboreront leur pensées en parlant et s'exprimeront spontanément. D'autres iront plutôt chercher leur ressources dans leur monde intérieur et parleront après avoir réfléchi. A qui peut-il se confier ? A qui peut-il dire ses interrogations sans craindre de voir son leadership ou sa réputation mis en doute ? Doit-on avoir confiance aux divers organismes qui invitent à partager le plus en amont possible mais qui, dès lors, sont au courant de certains projets ou certaines situations ? Doit il dire que ça va, le cacher, voire mentir ? Peut-il en parler à sa famille ? Qui l'accompagnera dans les succès ou les échecs sans forcément le blâmer ? Doit-il partager ses projets et ses informations de façon extravertie au risque de se voir dépouillé ou tout garder pour lui au risque qu'il constate qu'il a fait fausse route avec les impacts pour son organisation ? De quelle protection dispose-t-il pour se donner la permission d'échanger ? Doit-il faire confiance à son interlocuteur qui semble trop bien synchronisé en pleine négociation ? Est-il en dépendance ou en interdépendance de confiance ? N'a-t-il rien oublié dans son PRAJI ? Pourquoi l'atmosphère est-elle tendue aujourd'hui ? Quelle place prendre entre victime, sauveteur et persécuteur ? Mais où sont donc ses fioles de potion magique de PNL, quelle pourrait être sa devise pour mieux aller de l'avant ? Comment se voit-il pour ce partenariat et... comment les voit-on, lui et son organisation ? Doit-il écrire au ministre, au député, au conseiller général ou se débrouiller seul ?

II - Sa prise d'information est-elle la bonne ?

Faut-il préférer porter son attention sur les faits en étant réaliste, pratique, orienté vers le résultat et procéder par étapes ou alors analyser les possibilités, la nouveauté et procéder par à-coups ? Si le chef de PME a le nez dans le guidon avec des informations progressives qui l'empêchent de voir parfois qu'il aurait pu prendre un autre chemin, le patron de groupe n'a souvent plus les réalités du terrain car trop habitué aux concepts ou parce qu'on les lui cache volontairement ! Quels sont les éléments contrôlables ou incontrôlables ? A-t-il assez d'informations pour définir un objectif spécifique, mesurable, réaliste et réalisable avec avoir passé au tamis les réalités et les options qui lui permettront de ne pas emmener le bateau sur les récifs ? Ne fait pas trop de « coups » sans vision ni logique ? Fait-il des exercices de décloisonnement et s'est-il déjà posé la question de savoir si une bonne mesure sociale ne pourrait pas solutionner son problème commercial ou du reporting informatique car une information rentrée fausse par désintérêt produira un résultat faux ? Doit-il faire confiance à ceux qui détiennent l'information ? Pourquoi ne pourrait-il pas faire autrement cette fois ? Ne fait-il pas trop confiance à son expert-comptable ? Faut il faire intervenir un cabinet de conseil ou chercher déjà autour de soi ou même chez soi sachant aussi que le conseil se verra parfois injustement blâmé et dévalorisé de sa valeur ajoutée pour avoir en fait su synthétisé les éléments que le dirigeant n'avait pas réussi à faire et je déconseille par expérience tous les confrères de s'aventurer dans l'altruisme de sauvetage d'un dirigeant sans contrat même au nom de l'intérêt général …

III - Sa décision sera-t-elle la bonne ?

Certains vont prendre des décisions logiques, la tête froide avec des critères objectifs, impersonnels et de façon indépendante alors que d'autres vont décider par ressenti, avec le cœur, en évaluant la cohérence avec leur échelle de valeur, en se mettant à la place et souvent avec risque mais en ressentant davantage le coup dur quand il arrive et surtout quand cela va impacter la vie des salariés qui pourront s'estimer trompés. Fait-il ou vérifie-t-il un SWOT avant chaque investissement, lancement de produit partenariat ou collaboration ? Doit-il se comporter en bon père de famille, en adulte ou en enfant ? La CGPME a-t-elle raison de dire que les membres du Medef sont moins responsables car souvent salariés mais gérant beaucoup plus de personnes et de capitaux ? Analyse-t-il les risques, organisationnels, financiers, juridiques, politiques… Certains le font par principe, d'autres pour se rassurer, d'autres pour imaginer le coup d'après, d'autres ne le font pas. Joue t il encore à Superman ou accepte-t-il désormais de déléguer et assurer le co pilotage en ayant compris que rien ni personne n'est à l'abri de quoi que ce soit ? Prendra-t-il une décision courageuse même impopulaire ou ne plaisant pas aux actionnaires mais satisfaisant les salariés ?

IV – comment doit-il fonctionner ?

Faut-il mieux tout prévoir très tôt ou être très réactif ? Certains vont plutôt être structurés, organisés, prévoyants, agissant par anticipation quand d'autres vont être plutôt adaptables, flexibles, improvisant à la dernière minute et agissant sous la pression pour réagir et foncer. Certes, stratégie et prise de temps de réflexion valent souvent mieux que persévérance mais en situation de crise le dirigeant sera souvent attendu sur une réaction à court terme. Ses décisions seront d'autant plus justes qu'il s'y est préparé à l'avance, donc par anticipation structurée dans le temps. Flexibilité et structuration peuvent donc être complémentaires et non opposées. Il en va de même pour éviter de manquer toute bonne opportunité. Ne vous est-il jamais arrivé de vouloir aller au théâtre le soir même et de constater qu'il n'y a plus de place ? Si vous montez un projet hôtel, êtes vous conscient de la pénurie de personnels pour l'hôtellerie et la restauration ? Avez-vous prévu un plan B ? Certains dirigeants, dans l'action, se contentent de peu d'informations alors que d'autres veulent en collecter le maximum pour ne pas se tromper mais parfois en vivant le coup de théâtre de l'événement fâcheux que l'on ne voulait voir. Je me souviens avoir réussi une conciliation entre une entreprise issue de l'administration et une autre plutôt dans le secteur civil concurrentiel donc sur deux fonctionnements différents. Elles devaient travailler ensemble pour l'administration, plutôt proche de l'une, qui souhaitait disposer de solutions innovantes dans le domaine du soutien, donc plutôt proche de l'autre. Il avait suffi de prouver les forces complémentaires de ces deux polarités pour qu'elles posent leurs pistolets et commencent à travailler

Enfin, sur le leadership

Faut il mieux être idéaliste, rationnel, artisan ou gardien ? Faut il est plutôt organisateur, contrôleur, conseiller ou explorateur ? Quel leader doit-il être ? responsable, de processus, opérationnel, psychologique, historique, tous à la fois ? Doit-il avoir un leadership autocratique, démocratique, bienveillant ou laisser faire ? Doit-il annoncer les licenciements ou la fermeture d'un site une fois la décision prise ou pour mieux la prendre ? Aucun modèle n'est figé et aucune solution n'est universelle. L'important est d'identifier plusieurs options adaptées aux réalités et non l'inverse. Tout dépend de l'entreprise, de ses employés et de son environnement mais gare à la *planche à secousse* pour ceux qui ne sauront prendre les décisions au bon moment ou qui changeront d'avis trop souvent.

LA SAGA DES 7 EMOTIONS

Connaissez-vous les 7 émotions de Paul Hekman ? La joie, la peur, la colère, le dégoût (crainte, répulsion), la surprise, la tristesse et la force autoritaire ? Nous les exprimons tout au long de notre vie en fonction de notre immeuble personnalité et des situations ou des personnes rencontrées.

Mais avez-vous déjà fait l'exercice de les associer à certains personnages ou signes connus pour mieux les ressentir, les comprendre, vous comprendre vous-même et décrypter ce que cherche à dire votre entourage familial, personnel et professionnel ?

Nous exprimons nos émotions face respectivement à un accomplissement ou une satisfaction ; à l'insécurité ou le danger ; un inconfort ou un manque de considération ; à une toxicité ou une attraction forcée ; à une nouveauté, une élévation, une promotion ; à un abandon ; à une perte. à une prise de territoire.

La joie attend contact, caresses, confirmation quand la peur attend réassurance, attention, protection ; quand la colère attend action réparatrice alors que la crainte attend de l'assurance, que la surprise attend un accompagnement et que la tristesse attend affection, consolation, reconnaissance.

Si l'émotion authentique ne fonctionne pas et n'obtient pas de signe satisfaisant le besoin psychologique correspondant, elles utiliseront un sentiment racket. La joie ira par exemple vers le positivisme, la peur vers la bouderie, la tristesse vers l'angoisse et la colère vers le colérisme.

Elles sont sept. Qu'y a-t-il d'autre de sept ?

Que diriez-vous des 7 merveilles du monde ? J'attribuerai volontiers la joie au temple d'Artémis à Ephèse, la peur à la pyramide de Khéops, la colère à la statue de Zeus à

Olympie, la crainte au phare d'Alexandrie, la surprise aux jardins de Babylone, la tristesse au mausolée de l'Halicarnasse et la force au colosse de Rhodes.

Préférez-vous les 7 nains ? Je verrais bien dans l'ordre Joyeux, Timide, Grincheux puis Atchoum, Simplet, Dormeur et Prof. A moins que vous soyez plutôt Chakras ? Je classerais bien l'eau, le feu, la vibration l'air, l'éther, l'esprit, la terre.

Je sens parmi certains la curiosité des 7 péchés capitaux où j'associerai respectivement ces émotions à l'envie, la paresse, la colère, la gourmandise, l'avarice, l'orgueil et la luxure.

Aimez-vous la couleur ? Que diriez-vous de vert, rouge, marron, orange, jaune, bleu et violet ?

Puis enfin la musique avec Abraham Paul, Haydn, Mahler, Kuentz puis Vivaldi, Liszt, Wagner ?

Je vous laisse aussi la liberté d'imaginer ces correspondances avec les 7 mercenaires, 7 personnages de notre cher village gaulois (Astérix, Obélix, Agecanonix, ordralphabétix, Falbala, Assurancetourix et Abraracourcix), 7 des 9 chevaliers de la vraie table ronde ou celle de Kaamelott (Lancelot ; Karadoc, Peceval, Leodagan, Merlin, Behort, Arthur), ainsi que les 7 sens (ouïe, toucher, vue, gout, odorat, mental et intuition).

Et si vous désirez aller plus loin, rendez-vous sur l'hyper-matrice transactionnelle que j'ai mise au point pour trouver les liaisons entre 7 outils de typologies de personnalités MBTI, AT, Enneagramme, PCM, TMS, Morpho, PNL

Savez vous aussi que le chiffre 7 est symbole de plénitude pour l'église catholique   7 bougies dans les églises ?

OÙ EN EST VOTRE LIGNE DE FLOTTAISON?

Vous connaissez les icebergs avec leur partie haute, insignifiante, que l'on regarde fondre. Mais quand on plonge, on voit un bloc énorme souvent inimaginable qui risque même d'entraîner le retournement du bloc de glace par déséquilibre. Nous utilisons volontiers ce modèle pour l'analyse des coûts logistiques.

Mais qu'en est-il de votre ligne de flottaison personnelle émotionnelle ? Pourquoi ne pas surveiller également cette congruence entre la zone visible et intérieure que savent maîtriser les grands communicants ?

Pour bien comprendre ce qui va suivre, je vous propose une autre image. Nombre d'entre vous ont déjà vu ce canard tranquille et impassible qui se déplace en surface mais dont les pattes, immergées et invisibles pédalent à toute vapeur. Les négociateurs aguerris contrôlent cette congruence entre les cotés visibles et cachés. Si le volatile fait cela naturellement, êtes vous capable de garder votre contrôle quand votre corps et votre esprit vous poussent à démontrer de grandes émotions ? Toute chose égale par ailleurs, pouvez-vous dire que tout va bien quand vous suez anormalement, que vous rougissez ou que vous vous rongez les ongles ou que vous vous pincez le nez plusieurs fois ? Cela ne peut-il pas vous aider a contrario pour détecter si quelqu'un est sincère, vous trompe ou vous manipule ?

Nous pouvons considérer que seuls 30% de nos émotions sont observables et donc que le reste se vit à l'intérieur de nous. L'image du volcan, qui crache parfois ou en continu son venin de cendres sorties des entrailles de la terre, est également intéressante. Certaines omissions ou attentions sélectives à certaines dimensions du vécu, occultant une partie de la réalité, peuvent être dommageables si non contrôlées ou anticipées.

Une personne qui aura su mettre le tamis entre les éléments contrôlables et incontrôlables par apprentissage ou expérience pourra sans doute faire cacher ou savoir ce qu'il souhaite.

Nos émotions sont d'abord perçues par un processus interne de séquences de pensées dans un certain contexte et certaines circonstances dans lesquelles s'inscrivent les événements.

Puis ces émotions sont ressenties dans une sorte d'état interne rempli d'émotions, de sensations et de sentiments avec nos valeurs, sortes de critères plus appréciés.

Nos émotions sont ensuite exprimées par un comportement externe et un langage du corps, de la voix, du regard. Elles utilisent nos critères, normes et standards personnels, adaptés à l'environnement, sorte de contraintes physique et morales. Elles utilisent nos croyances, certitudes personnelles sans preuves matérielles ni rationnelles en contradiction avec nos généralisations où nous tirons prétexte d'une expérience personnelle pour déboucher sur une conclusion générale. Nous utilisons ces trois portions pour mieux intervenir de façon sélective en coaching d'atteinte d'objectifs.

Cet exercice de congruence est beaucoup utilisé en marketing pour déceler les émotions vraies ou cachées des testeurs de produits ou de vrais clients ou traînant avec eux une intention cachée. Les médecins devraient le maîtriser mieux pour gagner du temps dans la détection de la douleur. Le douanier, pas con, comme le disait Fernand Raynaud, sait généralement détecter l'intrus. Mais parfois aussi avec distorsion, sorte de déformation de la réalité (se faire des films…, se raconter des histoires..) car l'erreur est aussi humaine !

Mais parfois, il n'est pas utile de plonger voir la face cachée, la zone d'ombre…

ŒNOLOGIE ET CONNAISSANCE DE SOI
AVEC LE MBTI

Il est très souvent agréable de se retrouver autour de bons vins. Les entreprises utilisent beaucoup ce vecteur pour créer des liens internes ou externes. Mais pourquoi ne pas en profiter pour apprendre de façon originale à se connaître et également en retour mieux apprécier ce que l'on cherche à déguster ?

Les techniciens œnologues vous apprendrons l'aspect visuel, la couleur, la robe, la nuance, les niveaux d'intensité, la brillance, la limpidité, la transparence, la viscosité, les larmes ou jambes, l'effervescence. Puis l'aspect olfactif, premier et second nez, mécanisme de l'odorat, la classification des odeurs, des multiples arômes. Ensuite l'aspect gustatif, les saveurs de base. Enfin l'attaque en bouche, l'équilibre, l'évolution, la longueur et l'évaluation générale. Certains s'en souviendront, d'autres pas, d'autres enfin n'auront pas forcément atteint l'objectif demandé mais tous repartirons sans doute en ayant passé un bon moment. Puis ces mêmes personnes iront peut-être dans des formations en salle apprendre certaines méthodes de personnalité pour mieux manager. Pourquoi donc ne pas allier ces deux activités où il s'agira de capitaliser l'activité vécue par des outils de stratégie et de management.

Déjà exposé dans un article sur la sécurité routière, je parlerai ici du MBTI (Myers-Briggs Type Indicator) outil de connaissance de soi le plus utilisé au monde pour identifier nos points forts, points faibles, préférences, choix, zones d'effort et de confort, adapter notre comportement et nos attitudes à certaines situations, gérer le stress, apprécier et doser nos dépenses d'énergie en cas d'événement fâcheux, ainsi que notre volonté et notre nécessité à le faire. L'idéal reste de pouvoir atteindre un certain équilibre et pourquoi pas en matière de dégustation ! N'oublions surtout pas le comportement des autres, qui ont un rôle important dans nos façons d'apprécier, en nous guidant ou nous forçant parfois dans nos choix.

Bien que j'en utilise d'autres (j'ai créé une matrice multi-outils), je considère que le MBTI, issu du modèle de Jung sur le fonctionnement de l'esprit humain, adapté aux Etats-Unis, ou son modèle simplifié (CCTI), est l'outil de base le plus complet pour maîtriser à la foi les attitudes et le fonctionnement général. Nous apprenons à « marcher sur nos deux pieds », qui signifie comprendre quel est son pied d'appel, qui ne changera pas, mais aussi que l'autre pied a aussi toute son importance dans l'équilibre. Il est généralement utilisé en ressources humaines, orientation de carrière, coaching relationnel mais je l'utilise aussi dans de nombreux autres cas « métiers » ou pour le sport. Il est possible de le découvrir à l'aide d'un questionnaire de 80 questions ou plus réduit (CCTI), de valider ensuite ses polarités de fonctionnement puis son profil global. Je veille souvent à le ramener à la façon la plus simple et efficace et à la portée de tous pour que les personnes « jouent » facilement avec leurs polarités dans n'importe qu'elle situation, afin de mieux maîtriser, anticiper ou réagir face à certaines situations. Et donc pourquoi pas l'utiliser pour mieux se connaître à travers le vins et mieux apprécier toute dégustation, au-delà même du vin.

Cette approche est enseignée de façon très complète dans des formations traditionnelles de plusieurs jours avec prise de conscience complète des éléments liés et sous-jacents du profil identifié. Mais il est possible aussi de l'intégrer de façon simple dans des formations « métiers » (négociation, management, gestion de crise…) ou comme ici dans des activités plus ludiques et conviviales.

Imaginez quatre balances avec donc huit polarités. Il s'agira de comprendre d'une part sur quel coté nous préférons fonctionner, d'autre part que dans certains cas mieux vaut adopter une autre attitude et enfin de le faire sans trop attendre sous peine de consommer de l'énergie inutilement. La surdose de bon stress pourra être aussi néfaste que celle de mauvais stress si elle empêche de se maintenir en veille permanente et équilibrée avec peu d'énergie. Il est toujours étonnant, lors d'une dégustation à l'aveugle, de s'apercevoir par excès de confiance que l'on vient de boire un vin blanc alors que l'on pensait boire un rouge ! Par ailleurs, dire et admettre qu'il y a plusieurs façon de fonctionner est facile. Comprendre que le comportement de Pierre, Paul et Julie sont différents par leur génétique, leur histoire et leur environnement de vie et que parfois il convient de se mettre à la place de l'autre l'est moins. Pour celles et ceux qui connaissent le modèle d'Hermann, je dirais que les deux méthodes ont le même cœur mais que le MBTI rajoute la couleur au tanin.

14

Passons maintenant en revue ces polarités en relation avec la dégustation de vin. La première balance concerne le ressourcement. Nous découvrirons les dégustateurs plutôt « extravertis » (E) car ils iront spontanément au contact confronter leurs ressentis quand les « introvertis » (I), parfois trop dans leur bulle, attendront un premier avis interne avant d'éventuellement le faire, de peur de se tromper. Nous inciterons sans doute les « E » à prendre davantage de temps de réflexion et laisser les « I », dont le filtre est plus épais, admirer les nuances, la limpidité et trouver par eux-mêmes plutôt qu'être influencés, sauf s'ils le demandent une fois le stress de l'ignorance arrivé.

La seconde balance concerne la façon de collecter les informations. Certains, très voire trop « concrets », (S) avanceront pas à pas et détecteront assez rapidement les aromes, les senteurs. Les autres, auront <u>d'abord</u> besoin d'un peu de recul, d'assembler certains éléments et de voir certaines images et liés à ce qu'ils voient ou ressentent (N) pour ensuite venir sur le terrain des détails. Les priver de ce chemin différent les privera certainement d'une appréciation juste des goûts et des odeurs généralement reconnues.

Ces derniers pourront ensuite essayer d'emmener les « S » s'ils le peuvent, sur leur terrain pour découvrir autre chose que des détails.

La troisième polarité s'attache à la prise de décision, à la déclaration d'affirmation de ce qu'ils ont trouvé sur les arômes, les terroirs, les régions, les maturités. Certains, ayant la tête froide (T), auront trop tendance à faire confiance à la « pensée logique », aux critères objectifs, en n'imaginant pas qu'ils puissent se tromper d'arôme, de cépages ou d'année car ils ont tout passé en revue méthodiquement et par déduction ! Alors que d'autres, qui décident souvent avec le cœur, à l'affectif (F), au « sentiment », prendront le risque de se lancer dans leur ressenti. Une fois la bonne réponse tombée, les premiers pourront la discuter pour sauver le processus (T) quand d'autres essaieront de relativiser en disant que l'erreur est humaine (F) pour ne pas perdre la facc.

La quatrième et dernière balance définit le fonctionnement général. Certains seront organisés (J), « structurés », agiront souvent trop par anticipation et seront stressés si un événement imprévu arrive comme par exemple un changement de vin, voyant arriver du blanc alors qu'ils s'attendent au rouge. Peut-être devraient-ils plus souvent se confronter à certains imprévus ou les imaginant pour s'adapter. D'autres, plus «flexibles » (P), parfois trop souples, aimeront la découverte en exploitant leur force mais peut-être auront-ils parfois intérêt à mieux se préparer au programme prévu à l'avance pour être performant.

Existe-t-il un profil du meilleur dégustateur ? Celui qui pense, qui ne pense pas ? Qui pense trop ou trop peu et pas au bon moment ? Chacun peut déguster de façon équilibrée mais avec plus ou moins d'efforts avant ou après avoir passé la *ligne imaginaire* de l'action. S'agissant de savoir si les femmes apprécient plus que les hommes, Les statistiques MBTI/CCTI sur les questionnaires vie courante, réalisés depuis de nombreuses années, apporteraient certains éléments de solution qu'il conviendrait de consolider lors des stages. Sur les quatre balances, et sur le même nombre de population, les femmes apparaissent un peu plus « concrètes » que les hommes mais elles décident généralement en se mettant beaucoup plus « à la place » (F) et de façon conciliante que les seconds qui montrent plutôt un esprit de compétition (T) … même pour trouver un cépage ?

MBTI ET SECURITE ROUTIERE

Je viens de tester un stage de récupération de points à l'automobile club pour mon permis de conduire. Personne n'est parfait. On y retrouve toutes sortes de conducteurs, de 19 à 83 ans, plus d'hommes que de femmes (hier 25/1 !), des ouvriers, chauffeurs, cadres supérieurs, chefs d'entreprise, des actifs ou retraités, venu(e)s volontairement ou par obligation,, essentiellement pour des fautes de ceinture, de vitesse, de feux ou d'alcoolisme. Nous sommes sensibilisés par certaines images, sur certains chiffres, constats, réglementations pour une possible prise de conscience. On apprend que 45% des décès ont lieu de nuit, que 25% concernent des jeunes entre 18 et 25, que 20% sont des motards de tous âges et que la mortalité a baissé de moitié en 10 ans en grande partie grâce aux radars, sauf pour les motards. L'animation est réalisée par un binôme technico-psychologique, où la seconde composante est très faible. Je n'ai pas été le seul à penser, à la sortie, que les formateurs espéraient ne pas nous revoir mais qu'il nous manquait quelque chose.

J'en profité du stage pour analyser comment certaines méthodes pourraient être mises à profit. Je parlerai ici du MBTI (Myers-Briggs Type Indicator) outil de connaissance de soi le plus utilisé au monde pour connaître nos points forts, points faibles, préférences, choix, zones d'effort et de confort, adapter notre comportement et nos attitudes à certaines situations, gérer le stress, apprécier et doser nos dépenses d'énergie en cas d'événement fâcheux, ainsi que notre volonté et notre nécessité à le faire. L'idéal reste de pouvoir atteindre un certain équilibre et pourquoi pas en matière de conduite et de sécurité routière. N'oublions surtout pas le comportement des autres, qui amènent le danger (…) et qui ont un rôle important dans cette règle du jeu qui nous permet de circuler ensemble.

Bien que j'en utilise d'autres (j'ai créé une matrice multi-outils), je considère que le MBTI, issu du modèle de Jung sur le fonctionnement de l'esprit humain, adapté aux Etats-Unis, ou son modèle simplifié (CCTI), est l'outil de base le plus complet pour maîtriser à la fois les attitudes et le fonctionnement général. Nous apprenons à

« marcher sur nos deux pieds », qui signifie comprendre quel est son pied d'appel, qui ne changera pas, mais aussi que l'autre pied a aussi toute son importance dans l'équilibre. Il est généralement utilisé en ressources humaines, orientation de carrière, coaching relationnel mais je l'utilise aussi dans de nombreux autres cas « métiers » ou pour le sport. Il mériterait d'être présent dans le volet humain du brevet de pilotage quelle que soit la taille de l'avion. Il est possible de le découvrir à l'aide d'un questionnaire de 80 questions ou plus réduit (CCTI), de valider ensuite ses polarités de fonctionnement puis son profil global. Je veille souvent à le ramener à la façon la plus simple et efficace et à la portée de tous pour que les personnes « jouent » facilement avec leurs polarités dans n'importe qu'elle situation, afin de mieux maîtriser, anticiper ou réagir face à certaines situations. Et donc pourquoi pas l'utiliser pour garder ses points sous peine de voir disparaître le plaisir ou de la nécessité de conduire.

Cette approche est enseignée de façon très complète dans des formations traditionnelles de plusieurs jours avec prise de conscience complète des éléments liés et sous-jacents du profil identifié. Mais il est possible aussi de l'intégrer de façon simple dans des formations « métiers » (négociation, management, gestion de crise…) ou comme ici en « sécurité routière » avec quelques planches d'exemples. Nous pourrions l'imaginer dans les stages des groupes en fonction des profils pour mieux échanger sur les comportements et progresser.

Imaginez quatre balances avec donc huit polarités. Il s'agira de comprendre d'une part sur quel coté nous préférons fonctionner, d'autre part que dans certains cas mieux vaut adopter une autre attitude et enfin de le faire sans trop attendre sous peine de consommer de l'énergie inutilement. La surdose de bon stress pourra être aussi néfaste que celle de mauvais stress si elle empêche de se maintenir en veille permanente et équilibrée avec peu d'énergie. Il est toujours étonnant d'entendre qu'il y a plus d'accidents mortels sur route droite, sèche et en bon état, donc par excès de confiance. Par ailleurs, dire et admettre qu'il y a plusieurs façon de fonctionner est facile. Comprendre que le comportement de Pierre, Paul et Julie sont différents par leur génétique, leur histoire et leur environnement de vie et que parfois il convient de se mettre à la place de l'autre l'est moins. Pour celles et ceux qui connaissent le modèle d'Hermann, que j'utilise aussi, et pour rester dans les voitures, je dirais que les deux méthodes ont le même cœur mais que le MBTI/CCTI rajoute la carrosserie au moteur.

Passons maintenant en revue ces polarités. La première balance concerne le ressourcement. Certains conducteurs plutôt « extravertis » (E) préfèrent le contact et l'action quand parfois ils devraient davantage réfléchir avant de doubler, franchir le stop ou ouvrir la portière. Quant aux « introvertis » (I), parfois trop dans leur bulle, on peut comprendre leur appréhension pour rentrer se confronter dans l'areine de la place de l'Etoile à Paris…

La seconde balance concerne les informations collectées. Certains, trop « concrets », (S) ne voyant que les éléments proches, devraient faire l'effort d'anticiper le risque à deux ou trois voitures devant. Ceux qui aiment les schémas et les grandes directions (N) verront peut-être, eux, la moto qui arrive au loin, plus rapide et agile qu'une voiture mais devraient souvent faire l'effort de mieux regarder les travaux ou les sens de circulation et mieux s'occuper de la petite bricole technique insignifiante sur la voiture qui risque de gâcher le voyage.

La troisième polarité s'attache à la prise de décision : Certains, ayant la tête froide (T), auront trop tendance à faire confiance à la « pensée logique », aux critères objectifs, en n'imaginant pas que le conducteur d'en face puisse franchir la ligne blanche ou que le chien ou ce jeune enfant traversera car c'est interdit ! Alors que d'autres, qui décident souvent avec le cœur, à l'affectif (F), au « sentiment », se mettront à la place de l'autre…que va-t-il faire… m'a-t-il vu, sans vouloir être le premier. Certains ne discuteront pas la décision du gendarme (T) quand d'autres essaieront de prouver leur bonne foi ou de relativiser la situation adaptant les règles « dans le bon sens » (F) pour ne pas perdre la face: monsieur le gendarme, il n'y avait personne !

La quatrième et dernière balance définit le fonctionnement général. Certains seront organisés (J), « structurés », agiront voire trop par anticipation et seront stressés si un événement imprévu arrive. Ils pourront compenser ce stress en se confrontant à certains imprévus ou les imaginant pour s'adapter au danger. D'autres, « adaptables », flexibles (P), trop souples, agiront sous la pression et grilleront peut-être des feux pour ne pas arriver en retard en ayant surchargé leur emploi du temps ou s'inscriront au dernier moment avec le risque de ne pas trouver de place et perdre leur permis

Existe-t-il un profil du meilleur conducteur ? Celui qui pense, qui ne pense pas ? Qui pense trop ou trop peu et pas au bon moment ? Chacun peut conduire de façon équilibrée mais avec plus ou moins d'efforts. Les hommes, étant plus présents dans les stages, conduisent-ils plus ? Les femmes conduisent-elles mieux ? Est-ce l'instinct maternel et les responsabilités qui poussent à respecter les règles et s'arrêter au feu orange systématiquement ? Apparemment oui mais tous sexes confondus. Les statistiques MBTI/CCTI sur les questionnaires vie courante, réalisés depuis de nombreuses années, apporteraient certains éléments de solution qu'il conviendrait de consolider lors des stages. Sur les quatre balances, et sur le même nombre de population, les femmes apparaissent un peu plus « concrètes » que les hommes mais elles décident généralement en se mettant beaucoup plus « à la place » (F) et de façon conciliante que les seconds qui montrent plutôt un esprit de compétition (T). Peut-être un exemple à suivre ici.

LA REGLE DE SAINT BENOIT AU SECOURS DES ORGANISATIONS

L'ordre Bénédictin existe depuis plusieurs siècles sans tomber en faillite et en construisant des communautés, en repoussant la mer en Vendée, en asséchant des marais et plantant des vignes en Bourgogne. Bien entendu certaines réalités ont changé mais y-a-t-il néanmoins un secret, une sorte d'élixir source de vie existante et vivante se transmettant depuis quinze siècles ?

Quelles sont les possibles correspondances avec la vie des organisations parmi lesquelles les entreprises, établissements publics et collectivités et qu'auraient-elles à apprendre pour fonctionner et se développer ? Quel seraient les liens avec les méthodes de coaching et de management développées dont certaines existant depuis 3000 ans…?

La règle peut devenir un livre de chevet du bon sens des organisations. Le but n'est pas de prendre cette règle comme désormais LA règle, ni se convertir, mais s'y pencher en la passant dans le filtre nécessaire de nos réalités actuelles, soit pour en prendre quelques enseignements, soit pour justifier d'autres fonctionnements. A ce titre, les moines peuvent aussi se montrer ouverts à d'autres méthodes de fonctionnement sans forcément remettre en doute la leur.

Parmi les 73 chapitres, certains peuvent être abordés en correspondance avec notre vie quotidienne personnelle et professionnelle. Il y est également possible de retrouver un fil rouge sur les outils de profils de personnalité (MBTI), d'analyse transactionnelle parent, adulte, enfant, sur le PRAJI de la journée, la règle des 3P, le coup de tamis et la courbe du deuil, le style de management, la théorie des organisations, le blason, l'écoute active, les degrés d'autonomie, la position méta … que vous retrouvez dans mes nombreux articles et formations en stratégie et management

Je citerai quelques titres de chapitres évocateurs sur lesquels peut s'effectuer un travail lors de séminaires en quasi immersion pour responsables d'organisations : de la convocation des frères au conseil ; des qualités requises par l'Abbé ; quels sont les instruments pour bien agir ; de l'obéissance ; de l'amour du silence ; de l'humilité ; de l'exclusion pour fautes ; quelles sollicitude l'Abbé doit témoigner aux exclus ; de ceux qui, souvent repris, ne veulent pas se corriger ; des qualités requises du Cellérier du monastère ; si tous doivent recevoir le nécessaire de manière uniforme ; des frères malades ; du lecteur de semaine ; que nul ne parle après complies ; de ceux qui arrivent en retard ; comment les exclus feront réparation ; des fautes commises ailleurs ; des artisans du monastère ; du travail manuel quotidien ; des hôtes à recevoir ; que nul au monastère n'ose prendre la défense d'autrui ; comment recevoir les moines étrangers ; du rang dans la communauté ; du prieur du monastère ; si un frère se voit enjoindre quelque chose d'impossible.

A titre d'exemple, pour celles et qui ne courront pas acheter la règle en librairie, je me permettrai de citer quelques passages et certaines correspondances du chapitre 3, « de la convocation des frères au conseil » recommandé par un frère en Bourgogne.

On y parle de la façon de conduite une réunion pour traiter d'affaires importantes. « la décision dépend de l'Abbé » « tous doivent être convoqués » rappelant les formes de leadership. « les frères donneront leur avis en toute humilité » donnent un correspondance sur la conduite de réunion sans forcément avoir besoin d'écoute individuelle pour gommer les rivalités apparentes entre les sous-groupes.

Je vous inviterai ensuite à imaginer votre miroir et votre coup de tamis sur les lignes suivantes de ce chapitre : « de même qu'il convient aux disciples d'obéir, de même il revient au maître de tout régler avec prévoyance et justice » « nul ne suivra le désir de son propre cœur » « pour les affaires de moindre importance, il lui suffira du conseil des anciens » « fais tout avec conseil, et, la chose faite, tu n'auras pas à t'en repentir »

Certains passages du livre de Benoît XVI sont tout aussi intéressants à analyser.

LA PNL OU LE MYSTERE
DE LA LANCE SACREE

Mes parents me disaient toujours « aide toi et le ciel t'aidera ». C'est un peu comme dire « ne soit pas assisté et avec la foi, le succès et l'accompagnement viendront ». Si j'ai toujours du et su rebondir, surtout au creux de la vague, c'est en puisant des ressources, en analysant mieux les signes et en retrouvant confiance. Mais nous ne sommes pas tous faits de la meme façon et certaines personnes ou certaines organisations ont besoin de plus d'assistance que les autres. Et parfois, nous tous avons besoin de certains coups de baguette magique providentiels.

"Le 14 juin 1098, un miracle va donner aux croisés l'énergie nécessaire pour remporter la victoire : la découverte, ce jour là, sous une dalle de l'une des églises d'Antioche, de la sainte lance qui perça le flanc du Christ. Ce fut comme une transformation complète. Nous, avançant exténués et mourant de faim, nous nous trouvâmes le lendemain pleins d'audace et ardents au combat. Après 25 jours de siège et de famine, la veille de la fête des apôtres Pierre et Paul, pleins de confiance dans la grâce divine, nous nous confessâmes de nos pêchés et, franchissant les portes de la ville, nous allâmes au devant des Turcs" A. Castelot explique ensuite la débâcle turque ! (tiré d'A. Castelot "de l'Histoire et des histoires")

Que pouvons-nous tirer de ce récit sans commencer par expliquer le fondement des croisades, véritables laboratoire de gestion des organisations ? Etait-ce vraiment la vraie lance ? L'important a été le résultat. La lance n'a pas nourri les ventres mais les esprits. Il en était souvent de même pour les armées de Napoléon. Jeanne d'Arc était-elle vraiment éclairée par Dieu ou était-elle le fruit d'une manipulation, en tout ca qui fonctionna tant qu'on en avait besoin ? La confiance et la foi, aidées parfois par des éléments extérieurs, nous rappellent que la force est bien souvent en nous comme le dit maître Yoda !

Pour le détail sur cette image, on voit le modèle de petite croix que l'évêque urbain II s'était fait brodée sur l'épaule droite, avant de devenir très grande sur tout le buste

Mais que s'est-il vraiment passé ? Les Croisés sont-ils soudainement devenus invincibles ? Leur estomac avait-il disparu ?

J'ai déjà écrit sur la Programmation Neuro Linguistique (PNL) qui fait partie de ma boite à outils SPM®. **Le cerveau, qui commande notre corps, fonctionne avec ses préférences, comme en MBTI. Il aime la façon positive de parler puis ensuite gère le stress de la négation.** Avez-vous remarqué que si vous dites à un enfant « ne traverse pas la rue », il la traverse spontanément quand même… ? Par contre n'hésitez pas à dire que vous allez « arrêter » de « fumer » (et là … j'éteins ou je ne rallume pas mon cigare ? en tout cas je « continue » d'écrire).

Le cerveau nous trompe parfois pour certaines appréciations visuelles ou certains malaises non verbaux **et nous pouvons nous le permettre aussi en retour.** De temps en temps, **certaines « fioles de potion magiques »**, influant sur le cerveau, sont également utiles dans des situations d'urgence afin d'éteindre les flammes, comme pour créer le pare feu. Nous autres praticiens vous guiderons sur la voie. Mais je fais partager aussi la PNL pour gagner des marchés ou quasi gagner des élections perdues d'avance et je prends avec philosophie le fait que d'autres disent qu'ils y croyaient alors qu'ils ne misaient pas un kopek avant ! **Dans le cas d'Antioche, les chefs ont su galvaniser les cerveaux des troupes, certes avec les réalités liées à la religion.** Les Turcs ont eu peur de cette sorte d'invincibilité sans connaître qu'elle était bien fragile. Mon défunt oncle, ancien général, raconte dans ses mémoires d'Indochine, qu'alors que son pistolet mitrailleur s'était enrayé face à un Viêt-Cong, il sauva sa vie en courant et criant face au danger, provoquant la fuite improbable mais réelle de son ennemi quant à lui bien armé ! Il faut souvent miser sur l'effet de la tension avant que le cerveau ne se réveille par une prise de conscience du danger. Les croisés ont ensuite guerroyé avec la « vraie » (?) sainte croix en tète sans forcément avoir de succès. J'apprends aussi aux équipes comment casser de cette façon la courbe de l'échec. Cela ne vous rappelle-t-il pas le cri de guerre de certains rugbymen ?

Prenons un exemple avec la gestion du corps humain pour comprendre ces principes. Avec le froid, le corps se protège et ramène le sang au centre par rétraction des vaisseaux, ce qui provoque le froid aux extrémités. Les alpinistes sont souvent amputés des doigts et des orteils par froid extrême. L'alcool permet souvent de se réchauffer par un lâcher prise du cerveau en influant sur le système parasympathique. C'est comme cela que les nécessiteux sans abris ou les alcooliques sont souvent retrouvés morts en hiver par grand froid car le corps ne se protège plus.

La PNL agit également pour redonner confiance en enlevant les éléments parasites. Vous savez marcher sur une ligne au sol ? Pourquoi ne plus savoir marcher si cette ligne est à 5 mètres de haut ? Souvent il ne suffit que de réinitialiser l'ordinateur ou simplement l'éteindre et le rallumer ou parfois le « choquer », c'est-à-dire enlever la batterie (oups). Une technique de « Brain Refresh » comme me disaient des Hockeyeurs étrangers jouant à Dijon, en accord avec ces méthodes.

J'utilise le golf pour aider à comprendre l'entreprise. Quand un joueur a besoin d'une relance dans son jeu, j'utilise souvent la PNL pour éliminer les aspects négatifs et le remettre en selle (je l'utilise aussi pour les cavaliers…) et il est déjà facile de prévoir si le coup partira bien au simple coup d'œil de sa posture, rétablie, avant de frapper la balle. Il comprend mieux ensuite une des façons de relancer la dynamique de son entreprise. Il en va aussi d'une gestion de crise personnelle, en entreprise, militaire ou de politique économique. J'ai déjà abordé la définition et les fondements et la gestion de la crise par l'effet de levier humain et les typologies de personnalité dans un article consacré à cette question et publié dans les cahiers de l'INESJ.

Je vous livre quelques clés à forger si possible de façon accompagnée. Et si… j'étais à la plage, calme, non stressé ? Et si j'étais au chaud, au soleil en train de glisser sur des dunes sous une tempête de sable et non sur cette piste et sous cette pluie fine qui me glace ? Et si j'étais dans la même situation que lorsque j'avais gagné ce contrat ? Il ne suffira pas de le dire mais de faire croire à votre cerveau que vous y êtes. Les ancrages de force mentale ou les cercles de ressources que vous découvrez avec votre praticien pourront être sauvegardés mentalement ou physiquement comme des fichiers d'ordinateurs pour être ensuite employés de façon programmées ou dans l'urgence en cas de besoin.

Mais attention, comme pour les antibiotiques, ces fioles de potion magique ne doivent pas être automatiques ni utilisées de façon régulière sous peine d'accoutumance, de dépendance, de baisse de résultat et de non prise de conscience des réalités. Il ne faut pas en abuser car c'est notre conscient et non notre inconscient qui doit être aux manettes le plus souvent possible. Astérix est un de nos consultants !

Le prix Nobel de la Paix attribué à l'Union européenne est peut être une de ces fioles de potion magique pour nous aider à sortir de la crise. Vous rappelez-vous du film « le sucre » ? En fait, il y a toujours eu du sucre ! Vous êtes contre l'euro alors que vous bénéficiez de taux d'intérêt qui n'ont jamais été aussi bas ! Alors n'ayez pas peur ! En cette période de Noel où beaucoup de commerçants font la moitié de leur chiffre d'affaires, consommez, surtout européen, en toute conscience et sans armure. Mais n'oubliez pas aussi votre fiole de potion magique qui pourra vous aider à résister aux champs des Sirènes fin de consommer de façon GROW et SMART (…) !

La PNL OU LA MAGIE
DE LA PETITE BARETTE

Vous avez aimé l'histoire de la lance sacrée où vous pourrez retrouver certaines explications sur la PNL ? J'en ai une autre à vous raconter, influant sur l'estime de soi, qui aurait pu également s'insérer dans l'analyse de la pyramide de Maslow. Je ne me souviens plus d'où je l'ai tirée, peut-être de mon ancienne école de coaching et le maître m'excusera par avance de vous la dévoiler mais avec mes mots !

Une jeune fille se sentait bien seule. Personne ne la regardait, ne l'approchait, n'y portait intérêt ni attention. Sachant que le bal du prince allait avoir lieu et que ce dernier avait invité toutes les jeunes filles à marier, elle se rendit dans la boutique du coin de la rue avec ses maigres économies et bien des sacrifices. Que pouvait-elle bien s'acheter et pour quel résultat ? Mais elle avait décidé de changer de vie.

Une fois rentrée, elle s'approcha des vitrines à bijoux. Vu leur prix, elle abandonna vite tout espoir quand son regard s'arrêta soudain sur une petite barrette à cheveux simple et scintillante mais surtout à un prix abordable.

- Oh fit-elle, quelle magnifique petit bijou !

Elle ne réfléchit pas longtemps (et sa ligne imaginaire alors ? elle avait déjà en fait beaucoup réfléchi !) et demanda au boutiquier de le lui vendre. Il mit lui-même la barrette dans ses cheveux.

Toute heureuse, notre jeune fille sortit de la boutique mais fut bousculée par un homme qui s'excusa ma foi bien. Elle n'y porta pas attention, ayant vite envie de voir si les gens la remarquaient désormais !

Et le résultat ne se fait pas attendre ! Mais qui est donc cette jeune fille qui arpente nos rues ? Dirent les unes. Mais qui est donc cette belle femme qui est peut-être libre dirent les uns ? Mais qui est donc cette femme que je vais inviter dit le prince en s'arrêtant lui-même sur son chemin !

Comme le corbeau de la Fontaine (pour ceux qui suivent… les fabliaux du management), sur ces mots, elle ne se sentit plus de joie et … courra se racheter un autre bijou pour faire honneur au Prince ! Le boutiquier m'avancera bien l'argent se dit-elle ! (et la polarité « T » alors ? pfff au diable !)

Rentrant dans la boutique, elle croisa à nouveau l'homme qui l'avait bousculée qui s'en vint vite la trouver :

- mademoiselle !
- pardon monsieur mais ma tête est ailleurs
- justement mademoiselle, je voulais vous dire…
- oui mais faites vite !
- que … votre barrette était tombée quand je vous ai bousculée tout à l'heure !

Chacun appréciera en relisant l'histoire. Que s'était-il passé ? Quel est donc mon blason et quelle est ma devise ? Comment donc me vois-je ? Comment me voient les autres ?

Comment donc une barrette permit-elle à ce point que les autres bien aveugles mettent enfin des lunettes ?

Ce n'est point de lunettes, c'est bien juste un cerveau qui redonna la vie, qui redonna confiance à un corps caché, à une âme perdue, que dis-je … une vie qui n'attendait qu'un signe pour enfin apparaître !

Pour ces fêtes prochaines, choisissez vos bijoux mais sachez bien aussi entendre le miroir qui vous murmurera que le plus beau de tous … c'est vous et que la confiance est en vous !

L'HYPER MATRICE TRANSACTIONNELLE

Certains confrères coachs utilisent leur personne seule et c'est leur façon de travailler. Tant mieux si leurs clients en profitent pleinement pour trouver leur chemin. De par mon profil de personnalité, je suis un coach et un animateur qui donne et utilise un certain nombre d'outils qui permettent de mieux structurer mon accompagnement. Les clients savant aussi pourquoi ils viennent me voir par recommandation.

Etant formé à un certain nombre de méthodes, que je trouve complémentaires en matière de connaissance de soi et de l'autre, j'ai laissé œuvrer ma force conceptuelle en créant une hyper-matrice transactionnelle au profit des praticiens. Il ne s'agissait pas de bâtir un modèle de plus mais d'identifier tous les liens possibles et complémentaires entre les méthodes actuelles pour en tirer leur force commune et mieux accompagner.

Outre le fait qu'elle peut faire travailler ensemble, ou détecter les Ayatollah de ceci ou de cela (…), elle permet d'aider certains profils de personnalité difficiles, comme par exemple ceux présentant déjà un très grand équilibre mais acquis sans compréhension des émotions et demandant un travail approfondi pour identifier les bases réelles de fonctionnement, le « pied d'appel ». Il s'agit aussi des profils présentant certaines incompréhensions entre la perception du praticien et l'appréciation du client.

Elle peut aussi déjouer les protections intuitives ou voulues des clients. Elle permet d'obtenir une consolidation rapide d'écoute active, utile en gestion de crise ou en négociation, pour se synchroniser aux besoins psychologiques et aux situations de stress, voire également pour se désynchroniser en cas de besoin. Elle est issue de plusieurs années d'affinage, de confrontation et d'appréciations entre mes pairs. Elle s'adresse aux praticiens et reste ouverte à toute amélioration. Elle ne figurera donc sine die ni en photo ni dans les booklets mémo®.

Les sept méthodes utilisées et croisées sont la Process Com, le MBTI, l'Enneagramme, la morphopsychologie, la PNL, le TMS et l'AT, auxquelles je me suis formé, qui ont été positionnées sur une matrice commune à quatre cases et appréciable pour ses axes de prise ou non d'initiative dans l'action ou la relation. D'autres méthodes comme par exemple des couleurs peuvent venir désormais s'y greffer.

L'utilisation en est simple mais la condition est de savoir utiliser plusieurs méthodes ou de travailler de façon ouverte avec des confrères utilisant des outils complémentaires mais incluses dans la matrice. De la même façon qu'un médecin demande des examens complémentaires, ou l'avis d'un confrère, quand il n'est pas certain de son diagnostic, le praticien qui trouve des difficultés de résonance avec sa première méthode, mais désirant la conserver, pourra tester ou faire tester une ou plusieurs autres méthodes et regarder quels sont les possibles éléments de réponse communs permettant de consolider ou remettre en question les premiers résultats. Transformez-vous en ouvreur de coffre fort de votre client …

Prenons un exemple : votre interlocuteur avec un visage très équilibré mais à tendance rétracté légèrement dilaté ce qui est perturbant. Vous engagez la parole en lui tendant une perche à laquelle est répond « oui mais... » et avec une question». Votre « victime » et votre « travaillomane », plutôt dans la reprise d'initiative, vous donnent déjà une résonance affinée. Il faudra ensuite tester les opinions du profil très voisin « persévérant ». Les polarités « J » et « S », confirmeront-elles et seront-elles plus présentes de « P » « T » ou « F » ? que donne le centre de gravité des quatre polarités ? Les besoins psychologiques « 1 » et « 6 » seront-ils plus résonnants que « 7 » et « 3 » ? Si vous avez au moins trois liens dans la même case, vous avez la bonne clé de base, quel que soit ensuite l'outil que vous déciderez de conserver. Mon d'emploi et m*atrice sur demande motivée.*

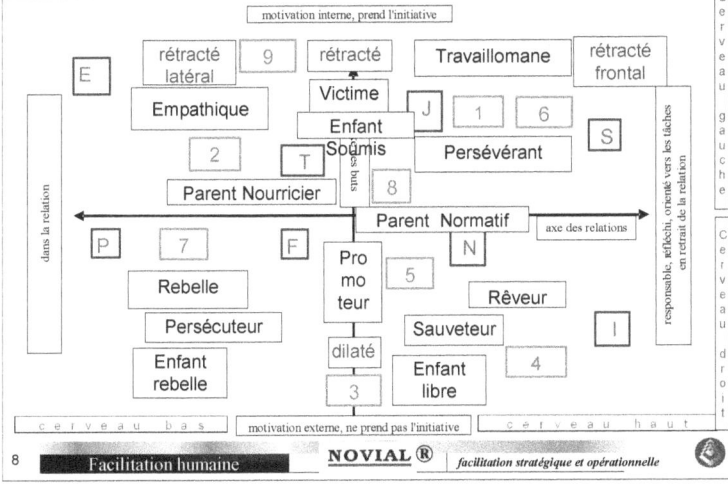

La Matrice multi-outils ®

Process Com, MBTI, Enneagramme, morpho, PNL, AT

L'EXERCICE DE L'AVEUGLE

Et si demain je ne voyais plus, m'aiderais tu ? dit Pierre. Tu as de la chance d'avoir déjà vu répondit Paul. Je te laisserais surtout découvrir par toi-même pour un meilleur apprentissage, meme difficile et éviter ta dépendance. Mais je serai là. En attendant profite de tes yeux et de ton cerveau car ils me font défaut.

Cette nouvelle métaphore me vient d'une personne proche qui pouvait m'appeler pour me demander où était la lampe mais qui a choisi de travailler seule dans le noir sans doute pour se prouver son indépendance voire son souvenir des lieux, voire me reprocher de n'avoir pas réparé l'éclairage ou simplement s'exercer à *voir autrement* ?

Et si … nous perdions la vue ? Nous serions obligés de constater, comme le disait déjà Vltaire, notre incompétence inconsciente (je ne sais pas que je ne sais pas) puis notre incompétence consciente que nous ne savons pas forcément marcher ni trouver des affaires spontanément (je sais que je ne sais pas), puis enfin découvrir une certaine compétence consciente à faire sans voir. La répétition nous emmènera dans l'oubli qu'un jour nous ne savions pas (compétence inconsciente). Mais heureusement nous voyons et pouvons même désormais nous faire changer une dent pour retrouver la vue si nous la perdons (dernière expérience chirurgicale) et agir sur le cerveau … et non l'œil qui n'est qu'un simple récepteur.

Sans faire le jeu de l'aveugle, entrainez vous à écrire de l'autre main et vous verrez que rien n'est impossible, tout n'est qu'*apprentissage*. Nous pouvons prendre conscience de nos atouts inexploités mais également de ceux que nous utilisons sans plus nous en rendre compte par habitude, comme quand nous ne voyons plus la personne qui apporte le courrier en entreprise alors que pour une personne âgée, le facteur est sans doute un lien essentiel de vie.

On peut se poser la question de savoir si cette alpiniste chevronné serait tombé avec sa cordée s'il avait refait ce réapprentissage qui lui aurait permis de comprendre qu'il n'était pas devenu Superman. Il en est de même pour tous les accidents de circulation sur les trajets coutumiers.

On peut se poser la question de savoir si votre chef aurait moins été surpris de vous voir déposer votre démission s'il s'était mis à votre place ou si vous auriez été vous-même moins surpris de subir un coup de théâtre d'une séparation professionnelle ou personnelle que vous n'avez pas vu ou voulu voir venir ?

Cet exercice est opportun en organisation et intelligence économique pour savoir si l'on serait capable de retrouver nos affaires une fois aveugle et donc prendre conscience de mieux les ranger !

Et si nous redécouvrions de temps en temps notre façon de faire, comme si nous sortions de l'ornière avant qu'il ne soit trop tard ?

Et si nous en profitions pour découvrir ou redécouvrir de nouveau sens sans attendre d'y être contraint de devoir les développer ? N'agirions-nous pas de façon plus équilibrée avec économie d'énergie ? Certains restaurants proposent de découvrir des mets en aveugle. Le résultat est souvent surprenant.

Rien ni personne n'est à l'abri de quoi que ce soit. N'attendons pas le dernier moment pour tout simplement parfois *changer de lunettes* même si cela représente souvent quelques heures et quelques efforts.

Et vous ? Quand faites-vous l'exercice de l'aveugle ?

LE PROFIL PSYCHOLOGIQUE « 2 » DE L'ALTRUITSE DE L'ENNEAGRAMME

Cela fait longtemps maintenant que vous lisez mes articles en employant certains outils qui parlent de profil psychologique à propos des chefs d'entreprise, des conducteurs ou de personnes publiques. Parmi les profils abordés, il y existe un souvent laissé pour compte mais qui a toute son importance : le « 2 » altruiste de l'énnéagramme, le « saint Bernard » et ses relations voisines ou ses liens en effort ou confort.

Grands affectifs, attentionnés et chaleureux, ils ont besoin de bons rapports humains, sont motivés à l'idée de rendre service, aiment venir au secours, porter assistance, voient facilement ce dont l'autre a besoin même quand ils ne le connaissent pas, et trouvent frustrant d'être autant conscient sans pouvoir faire autant qu'ils ne le voudraient. Ils aiment prendre les autres en charge, apprécient qu'on ait besoin d'eux et les relations humaines plus que tout, aiment réconforter les autres, porter assistance, faire passer les besoins des autres avant les leurs, répondre aux désirs des autres et aiment prendre en charge. Ils peuvent être enveloppants, protecteurs, maternant, ont de la peine quand ils sont perçus comme manipulateurs alors qu'ils cherchent à comprendre et aider, ils ont parfois l'impression d'être exploités alors qu'ils ont créé cette dépendance. Il peut s'imaginer que le lien peut être cassé à tout moment et fera tout pour consolider et vérifier de façon permanente la qualité du lien mais ont aussi une capacité d'amnésie.

Le « 2 », est voisin du « 1 » sur la roue, la fourmi perfectionniste et peut donc prendre facilement certains traits. Soigneux et ordonnés, bienveillant, protecteur, aiment que chaque chose soit à sa place, méticuleux, exigeant, "jamais assez", travaillent correctement, ont peur de commettre des erreurs, dotés d'un sens de la morale, ne jugent que par raison ou tord, exigeants, évitent de se mettre en colère et ont besoin d'une cause juste pour canaliser leur colère, collecte facilement un "carnet de timbres" à faire valoir par la suite. Pour eux il existe un code du comportement

34

humain, une morale. Ils ont la correction en haute estime et essaient de vivre en adéquation avec leurs principes. Ils sont déçus pas le manque de respect aux règles et aux croyances. L'imperfection et le manque d'implication maximum les agace. Ils sont considérés comme critiques et exigeants. Ils voient facilement comment les choses pourraient être améliorées et ne peuvent rester indifférents. Il y a conflit entre rigidité et sensibilité d'où une tension y compris musculaire parfois perceptible par les proches. On peut compter sur eux et sur le travail bien fait qui passe généralement avant le plaisir. L'harmonie est très importante. Il faut leur parler avec bienveillance et douceur

Par ailleurs, le 2 est aussi voisin du « 3 », castor battant, mettant tout en œuvre pour réussir. D'apparence heureuse et confiante, ils sont énergiques et efficaces. Gagneurs, acteurs pouvant adapter leur image aux situations et en fonction de l'attente de l'autre, pouvant changer de tenue aussi souvent que possible, fiers de leur réussite, ils recherchent le défi et peuvent être obsédés par la performance. Ils savent motiver les autres et ont à cœur de voir les objectifs atteints. Bons vendeurs, ils mesurent la progression, ont toujours des cartes de visite, perçus comme durs, arrivistes, froids mais peuvent être souples pour un interlocuteur choisi. Ils s'identifient à ce qu'ils font car pensent que la valeur de chacun dépend de ses résultats et du prestige qui en résulte, mettant de côté sentiments et états d'âme. Ils s'arrêtent rarement, aiment aller vite sans gaspiller leur temps et auraient tendance à reprendre en main et à leur charge les projets qui avancent trop lentement à leur goût. Sont organisés, souples, adaptables, ne voient pas les côtés négatifs pour ne pas ressentir le sentiment d'échec, évite de faire les deuils (comme le 7), rebondit rapidement, fait (trop) vite confiance

En situation de domination, le 2 passe en « 8 », le lion. Forts, confiants en leurs moyens, ils savent ce qu'ils veulent et sont directs dans leurs propos, ils aiment contrôler les situations, prendre des initiatives et prendre des décisions rapides. Combatifs, ils apprécient une opposition consistante préférant vous avoir contre eux plutôt que de ne pas savoir où vous situer, respectent la puissance, dirigent et imposent leurs propres règles même si certaines existent, sont parfois excessifs et se voient comme des justiciers protecteurs des faibles avec respect de l'équité. Disposant d'une puissance naturelle, Ils dégagent une énergie puissante, se fraient un chemin par la force, la violence verbale, recherchent souvent la confrontation afin de connaître les motivations des autres, ils approchent les situations de façon entière : tout ou rien, ils n'ont pas de face cachée et paressent ce qu'ils sont, se mettent facilement en colère mais règlent vite les affaires. Instinctifs, ils passent rapidement de l'intuition à l'action.

Mais, dans la douleur et le doute, le « 2 » passera en « 4 », le perroquet… Originaux, romantiques ayant une forte intensité de sentiments, soucieux de la beauté et de l'esthétique, narcissique, ne vivant pas dans "la vraie vie", recherchent l'intensité et le dramatique, sont hypersensibles aux critiques, ont un côté théâtral, il leur arrive d'envier ce qu'ont les autres, ils se sentent différents, à part, ont parfois le sentiment d'être abandonnés, sont sujets à la déprime. Ils sont attirés par le beau, l'unique, le différent. Ils préfèrent la nostalgie et la mélancolie à la banalité. L'importance qu'ils attribuent aux émotions leur donne une énorme créativité. Sensibles aux émotions, ils ont besoin d'exprimer leurs sentiments et se sentent différents de par cette amplitude. Ils ont besoin de chaleur, d'être écoutés, que l'on prenne du temps pour partager leurs états d'âme et l'intensité de la vie. Idéalistes ils recherchent un sens à l'existence. Ils sont souvent à l'aise et efficaces dans les moments importants de la vie.

Mais attention, tous les « 2 » ne sont pas totalement cela et une personne « 7 » peut aussi avoir du « 2 » en elle. Si vous vous entendez bien avec une personne, c'est sûrement qu'elle a un lien psychologique fort et étroit avec vous sur l'énnéagramme, « mais pas que » (c'est un code). Mon épisode politico-amoureux avec un profil « 8 » que vous connaissez ainsi qu'une mise en relation avec certains altruistes m'ont éveillé sur certains points. Je vais me livrer à une supervision ouverte. De toute façon je n'ai pas été rémunéré mais chacun appréciera pour le compte de campagne étant donné que j'avais aussi coaché l'équipe... Par ailleurs, je peux aussi me dévoiler et cela pourra sans doute mettre tout le monde d'accord entre mes pairs qui me veulent 1, 3, 6, 7…

On me croit « 1 » car je suis toujours à l'heure, que je remets les tableaux droits et qu'un détail peut m'embarrasser sur le parcours de golf. On me croit 7 car j'ai plein de projets et que je joue aux enfants libre mais en fait je sais les terminer peu à peu, le moment venu, même si cela me pèse car je ne crée plus pendant ce temps. Et plutôt que goûter les bananes et les jeter, je range plutôt les provisions pour mieux les retrouver plus tard donc je reviens sur le 1. Mais le 1 ne peut avoir un parcours professionnel comme le mien car il ne quitte pas par nature. On me croit 3 et parfois

6 comme le kangourou loyal qui protège. Ah oui le fameux 6 qui vit sur ses peur mais heureusement sinon l'espèce humaine n'existerait plus !

Donc plutôt… 6 ou 1 de base même si le 3 reprend le dessus en phase pour avancer sans peur sur des choses dont j'ai la foi. Mais ben entendu que je suis 3 car je fais tout pour y arriver. Ce qui n'est pas vrai. Je reste loyal mais cherche d'autres pistes tout aussi loyales et sait m'effacer sauf… si on revient me chercher quand on a besoin de moi pour ensuite éventuellement me blâmer. Et ma dernière expérience locale m'a fait encore beaucoup de mal. Le coté 3 fait penser au battant qui est une étage aménagé de la PCM et juste au dessus de mon étage parfait (pardon pour les non initiés). Le problème, que dis-je la force, vient du fait que j'ai tellement eu de vies différentes sans être forcément à ma place non plus que je brouille les pistes. Comment allier tout cela ? Que dit l'hyper-matrice transactionnelle ? Le centre de gravité ENFP voire ENTP est voisin du 2, comme du « 9 » modérateur qui confirmerait mon coté extraverti de base, mon cote plutôt parent bienveillant et l'opposé du 2 est bien le 4… et quand je me réfugie dans le travail, je deviens travaillomane et persévérant…. qui sont mes quasi base et phase …

Un indice : j'aime la chose publique, je ne compte pas mes heures, je considère normale la prise de conscience collective, j'ai toujours cherché à être aimé par tout le monde et je me réfugie dans le travail pour m'en sortir et finalement me faire aimer par ce que je fais et non par qui je suis. Mais savez vous que je voulais faire du cinéma, d'ailleurs j'en ai fait mais mes deux rôles dans des films à succès ont été coupés au montage, … J'ai été bénévole national et international à l'Ordre de Malte, j'ai créé une ONG humanitaire, suis président d'associations et suis généralement disponible même si on ne me le demande pas, enfin mois maintenant depuis que j'applique le RPBD sauf que… si je suis sorti de l'administration et si j'ai créé des structures professionnelles et associatives, c'est aussi pour faire avancer les choses si je vois qu'elles n'avancent pas. Et si je me suis remis à faire de la politique technicienne… oups le travaillomane revient, ou plutôt ici le persévérant. Un point est également commun : mon coté créatif et sensible. Donc ? Vous avez trouvé ? Oui : j'ai une légère dominance altruiste 2 très voyageur 1 et 3 mais aussi 8 et 4 qui n'accepte pas d'être victime quand d'autres le cherchent et qui peut passer en persécuteur « à l'insu de son plein gré ! ».

LES DEGRES D'AUTONOMIE DES FUSIONS ACQUISITIONS ET TRANSMISSIONS D'ENTREPRISE

Au fil des dossiers de stratégie d'entreprise, de recherches de partenariat, de financements, de portage ou de repreneurs, pour le CAC 40 ou des TPE dans des domaines variés, au fil de mes interventions de coaching et de conseil, j'en reviens encore et toujours sur l'importance de l'effet de levier humain au-delà des chiffres meme si ce sont eux qui critalisent souvent la transaction. Ce n'est pas qu'une affaire de chiffres, il y a aussi des personnes, du capital immatériel et si c'est important pour une petite structure, je l'ai vu aussi pour de tres grosses trans et multinationales.

Après avoir expliqué l'analyse des degrés d'autonomie, applicables de façon transverse à de nombreuses situations de vie, nous passerons en revue leur application dans la chaine de valeur des fusions, acquisistions et transmissions d'entreprises et surtout pour comprendre pourquoi que près de 10 % du chomage généré est généré par des problèmes de transctions.

La roue d'autonomie et ses quatre quartiers est à aborder dans le sens inverse des aiguilles d'une montre. Comme pour l'apprentissage (voir article), il n'y a rien de tel qu'un nouveau tour de cadran dès que l'on dérape du quatrième quart ou à chaque opportunité ! Nous désignerons par + et – les personnes mises en relation et leur degré de pouvoir et puissance sur l'autre.

Le premier cadran est la **dépendance** -/+ du « paillasson » « je suis moins et il est plus » « essuie toi donc les pieds Monseigneur » même si je veux fuir car je ne suis pas « OK » comme on le dit en coaching. Le - se sent, ou veux être dans certains cas, soumis telle une victime et un enfant modèle qui dit oui qui se met volontiers « à la place » avec cœur et sentiment (le F du MBTI), en employant « nous » et « on ». « Croyez bien que je suis vraiment désolé, je sens que je vais avoir du mal à répondre à vos attentes, je n'ai pas cet article en rayon… »

Le second cadran est celui de la **contre-dépendance** -/- du « hérisson » où les deux s'opposent « qui s'y frotte s'y pique ! ». C'est l'impasse, personne ne veut acheter ou vendre, personne n'est « OK », symbiose ambivalente de la rébellion à l'accusation, du « non » et du jeux « sans toi », victime rebelle ou persécuteur. « Allez donc voir ailleurs car je ne pense pas pouvoir vous servir ». « Cela tombe bien car je ne suis pas décidé »

Le troisième cadran est l'**indépendance** +/-du « polisson » ou comment vous débarrasser de l'autre si vous n'êtes pas « OK » en vous rappelant des séparations vécues, en prenant conscience de la compétence « moi » « tout seuls » en faisant apparaitre des jeux individualistes. « C'est à prendre ou à laisser ».

Enfin, le quatrième cadran est celui de l'**interdépendance** +/+ de « l'unisson » où il s'agit d'avancer avec l'autre, tout le monde étant OK, même avec adaptations « oui… si », avec des limites et des choix plutôt objectifs. Nous parvenons à un fonctionnement parfait du théorème de Nash, de la maitrise d'énergie et de la négociation raisonnée (voir autres articles). « J'ai compris votre besoin, je vais tenter d'y répondre » « C'est toujours un plaisir de travailler et de négocier avec vous »

Si vous avez l'impression que le +/+ va rebasculer dans les cadrans voisins, sachez prendre l'initiative + ou – afin de ne pas recommencer un tour complet, parfois aussi salvateur. Un stade ultime existe, maitrisé par les praticiens réguliers de la transaction. Celui de la maturité, de maitrise des cadrans, sorte de méta-situation, de vue d'hélicoptère : je ne suis libéré des éléments négatifs et ne suis plus un être programmé.

Qu'en est-il vraiment pour les fusions, acquisitions et transmissions d'entreprise ?

Les fusions, acquisitions et transmissions d'entreprise sont des processus de mises en relation pour atteindre un objectif. Mais ce dernier et la façon d'y parvenir peuvent être de plusieurs couleurs, en fonction des lunettes de chacun où le jeu de l'autonomie a toute sa place. N'hésitez pas à identifier les cadrans que nous avons vus à travers les éléments qui vont suivre.

Envie, besoin ou obligation de transmettre pour résoudre quelle problématique ou atteindre quel objectif?

Certains ont des offres et ne veulent pas transmettre quand d'autres en cherchent et les envient. Soit la mariée est savoureuse, soit elle n'est pas assez belle ou peut-être l'est-elle trop ? Soit encore ne cherche-t-elle pas au bon endroit, dans le bon réseau ? Soit elle ne veut pas se marier contre son gré ou soit elle veut se marier coute que coute pour faire alliance avec ou sans amour. Certains ne veulent au contraire voir partir leur fille à aucun prix.

Cet article me tient particulièrement à cœur car c'est lors d'un accompagnement que mes clients m'ont dit que j'étais également un coach en plus d'un conseil, ce qui m'a ensuite incité à développer officiellement sur cette profession au profit des entreprises, de leurs projets et des personnes en améliorant mon attitude. Une nouvelle fable est d'ailleurs prête pour la suite des fabliaux du management.

L'entreprise est pour certain un bien patrimonial, familial comme un navire où l'on vit avec et l'on meurt avec. Certains n'osent pas transmettre de peur de dévoiler certains secrets ou autres choses cachées. Certains ne veulent pas de partenaires pour continuer le chemin seul, quitte à mourir en cas d'échec ou de limite d'énergie. C'est à en oublier parfois qu'il y a des salariés dont certains aussi, sont là de façon alimentaires mais d'autres parce que c'est tel dirigeant ou tel ou tel projet. Souvent un accident ou un décès solutionnent hélas les choses … où on s'aperçoit aussi des garanties croisées ou pas entre associés…

J'aborde souvent les entreprises avec l'approche des risques : au constat « Personne n'est à l'abri de quoi que ce soit » … on me répond « oui ». Mais à la question « et si vous n'étiez plus là demain… » les gens commencent à réfléchir. Avec ces questions on économise son temps et son énergie en repérant le vendeur qui n'a pas envie de vendre ou qui fait un blason trop ou pas assez présentable, en réparant l'intention réelle, inexistante ou cachée.

Il convient souvent de trouver le juste équilibre entre une décision hâtive et celle dans trois ans comme généralement dans les entreprises de personnes. Bien souvent, comme en protection financière, le dirigeant se décide le dos au mur ou parce que son voisin l'a fait, comme dans de nombreuses situations de la vie courante. Attention, les solutions et les démarches de l'un ne sont pas obligatoirement celles de l'autre. Les polarités du MBTI nous le rappellent.

Une transaction GROW et SMART

Analyser les réalités n'est facile pour tous. C'est un peu comme éviter d'analyser les échecs et oublier de capitaliser les succès. Certains iront également trop vite sur un chemin alors que d'autres n'oseront se décider. Il en est de même pour les projets ou toute chose. Quel est l'objectif ? Avant de passer à l'action, a–t-on bien analysé toutes les réalités ? Avec plusieurs options si possibles mesurables, accessibles, réalistes et réalisables et déterminées dans le temps ? Quels sont les éléments contrôlables et incontrôlables ?

L'intelligence des rapprochements

Le rapprochement est souvent géré par des cabinets comptables, des notaires ou des avocats d'affaires. Mais il est souvent bonifié par l'intelligence et l'ingénierie concourante du lien entre tous les acteurs gérées par des cabinets de stratégie et de management. Le but est de respecter une certaine approche globale sur toute la durée de vie du processus incluant de multiples facettes pour les clients désirant autre chose qu'une simple approche comptable et qui en font la demande, voire pour les équipes qui s'inquiètent de l'avenir. Comme en intelligence économique, chaque élément pris de façon indépendante peut être insignifiant mais assemblé dans un puzzle, peut donner une image stratégique et parfois sensible.

La valeur de l'effet de levier humain

Certains ne comprendront pas que je mette cet aspect avant le prix mais au même titre que les réalités sont différentes pour une fusion, une acquisition ou une transmission d'entreprise, l'objectif n'est pas le même pour tout le monde. En terme d'analyse de la valeur des éléments constitutifs de la transaction, il représente souvent un coefficient élevé sous estimé.

Certains auront le souci de transmettre de façon bienveillante avec une certaine continuité d'identité pour ses salariés ou pour ses clients quand d'autres n'attendront que la transaction. Certains prendront peur avec un partenaire « à tête froide » qui se retirera facilement quand ils attendent un partenaire de cœur qui ressent le projet et qui s'investir coute que coute. Certains prendront une décision trois ans après alors que d'autre agiront sur le coup. Sans doute faut-il une position d'équilibre en « marchant sur ses deux pieds » pour accepter certains risques mais aussi les limiter.

Certains verront un chat gris et d'autre noir alors que certains ne voient que le chat. Il en est de même avec l'image de la jeune et de la vieille femme que j'aime à projeter en préalable à toute négociation normale ou de crise. L'objectif n'est pas de voir les deux ni de comprendre pourquoi on n'en voit qu'une mais bien d'accepter qu'il peut exister d'autres solutions que celle que l'on voit et que pouvoir comprendre l'autre semble être une nécessité sauf si l'on a choisit par avance son cadran d'autonomie (voir partie 1)

L'exercice du blason est souvent révélateur de prises de conscience quand certains y voient une perte de temps : quelle est ma devise, comment je me vois, comment me voient les autres, ce que je déteste le plus.

La cohérence d'identité est importante. Le futur dirigeant ou partenaire sera-t-il accepté ? La greffe prendra-t-elle avec entre les chefs, comme chez EADS il y a quelques années, entre les actionnaires et avec les équipes pour travailler ensemble. Les équipes pourront-elles aussi travailler ensemble ? Bien entendu, lors d'un rapprochement il y a généralement un leader qui s'affirme. On ne mélange pas des cygnes blancs et des cygnes noirs. Ce n'est pas une question d'esthétisme mais de danger de mort de l'un des deux sauf si soumission.

Feu Arthur Andersen a mangé Barbier Frinault même en l'utilisant juridiquement pour certaines missions. Nous avons appris que l'on ne rapprochait pas forcément Matra et Alcatel. Devait-on rapprocher Sagem et Snecma avec les perturbations que nous avons vu sauf à voir l'alibi du « tout électrique » cachant celui de la finance ?

Mais rien n'est impossible en laissant par exemple le jaune et le blanc de l'œuf cohabiter comme l'exemple de Peugeot – Citroën et parfois se rassembler comme Total-Fina-Elf. Une PME peut bien accepter et rechercher de se mettre sous la coupe d'un groupe mais une autre peut tres bien chercher à garder son indépendance. Il y a aussi une différence entre la France et l'Europe où l'on fait les choses par maturation, voire trop et les Etats-Unis où on se sépare aussi facilement qu'on se marie. Encore une fois, un équilibre est sans doute à rechercher.

Dans un but d'optimisation de processus, comme dans le cas d'une recherche de collaborateur, un cabinet de recherche ne présentera pas le premier candidat venu mais le ou les candidats retenus après en avoir analysé leur projet, la cohérence avec la demande formulée et avec le montant estimé de la transaction. Il pourra aussi en cas de besoin et demande, intervenir pour faciliter certaines démarches plus techniques. La meilleure facturation finale doit s'effectuer à la prise de greffe, quelques mois après une certaine « période d'essai », gage de bon choix en dehors de tout problème comptable apparu après la « due diligence » et non à la signature de la transaction. Les vendeurs de TPE disent généralement oui immédiatement à un accompagnement mais n'acceptent pas de payer une recherche même à la transaction finale, comme pour une transaction immobilière où les acquéreurs cherchent et se font connaître mais attendent pourtant que le cabinet de recherche s'investisse de façon non mesurée, quitte à le blâmer.

Mais c'est aussi à cause de résultats et de retours d'expérience infructueux qui rendent méfiants. Le cabinet de recherche n'est pas non plus obligé de se mettre à la place du vendeur s'il ne le demande pas et n'est pas non plus obligé d'accepter la mission ! Cette démarche est également très révélatrice de la volonté ou non de rechercher vraiment un acheteur ou de certaines autres problématiques dont il faut se préserver. Les jeux d'analyse transactionnelle les plus appropriés sont « conjugaux » que l'on découvrira en détail dans d'autres articles comme par exemple « coincé » qui illustre le caractère de manœuvre et leur fonction de barrière contre l'intimité ou « tu vois bien comme j'ai essayé » où il s'agit comme toujours de victime, sauveteur et persécuteur. Et ils rentreront d'autant plus en jeu dans les négociations de transaction où il est souvent opportun de se faire accompagner pour fonctionner de façon équilibrée et raisonnable comme quand on achète ou vend une maison.

Les degrés d'autonomie et l'entente sur le prix

Comme dans toute transaction, on négociera par principe ou parce que l'on sait que c'est trop cher et que le vendeur « oublie les travaux à réaliser ensuite ». Ou alors on ne négociera pas parce qu'on sait que c'est bon marché et raisonnable et cela pourra créer une certaine alerte. Les cadrans d'autonomie seront des indicateurs clés. Comme en matière de protection financière, pour certains, l'entreprise est un bien et une image de soi et pour d'autres un simple vecteur et une source de profit, à en oublier les salariés sauf quand il s'agit de les valoriser dans la balance ou de ne pas oublier les provisions pour indemnités de départ à la retraite …

Les méthodes d'évaluation sont différentes d'un secteur à l'autre. Vendre une PME industrielle n'est pas vendre un magasin de vêtements, un hôtel ou une start up en croissance. Pour les uns, il sera un pourcentage du chiffre d'affaires, une rotation de stock, pour d'autres il s'agira de la valeur patrimoniale ou les flux générés et souvent un mix de tout cela. A cela se rajoutera le fait que la vente est « à la casse » ou pas. Le prix est variable avec de nombreux facteurs de salubrité mais également de survaleur liée à l'image, aux marques ou à la dynamique créée. Mais le prix n'est pas qu'une affaire de chiffres est surtout le fruit d'une négociation entre deux ou plusieurs parties qui est souvent très révélatrice de la façon dont pourront se dérouler les événements futurs si l'affaire est faite.

Il s'agira d'aller au-delà du traditionnel jeu du gentil et du méchant en faisant venir une tierce personne et mais plutôt de réaliser une négociation raisonnée à la fois SMART et GROW en dehors des positions (lire les articles liés) en utilisant le théorème de Nash et tous les outils de facilitation humaine et d'écoute active. Les dépenses d'énergie inutile seront gérées pour entretenir le lien ou au contraire se désynchroniser. L'élément paraissant le plus simple peut devenir le plus sensible comme quand un composant électronique défectueux ou venant à manquer peut mettre au sol un avion.

Il en est de même pour les aspects plus techniques (que je ne listerai pas ici). J'aurais peut-être du commencer par cela sur cette partie traditionnelle et technique non exhaustive issue de mes interventions qui peut aussi vous faire découvrir d'autres pistes et penser autrement avant de passer la ligne imaginaire de l'action. Et souvenez vous de l'importance de la pièce du puzzle et du composant électronique quand vous voudrez faire des impasses… Le tout agrémenté des remarques initiales, des outils du modèle SPM (Stratégie, Processus, Psychologie, Marketing, Management, Mental) avec un zeste de SWOT, de matrice BCG ou Mc Kinsey, une belle AMDEC de risque …. mettez cela dans l'alambic, faites chauffer puis regardez, goûtez puis … décidez !

LE TRIPLE EFFET DE LA RELANCE
POST 50 DE LA COURBE DE VIE

La France se donne la chance d'avoir un taux de natalité élevé. La moitié des personnes nées après 1960 sera potentiellement centenaire et nous gagnons en moyenne un trimestre de vie par an. Une fois à la retraite, nous avons désormais la chance de pouvoir vivre encore longtemps grâce à une meilleure qualité de vie, de nutrition et de soin. Mais cette retraite traditionnelle que nous connaissons est-elle toujours programmable face aux réalités de vie et économique ? Qu'en est-il si l'emploi vient à manquer vers 50 ans ? Sauver le soldat « post 50 » devient une réalité et surtout d'ouvrir les yeux sur la force motrice qu'il peut continuer à apporter.

On ne se met pas assez à la portée des jeunes enfants qui voient le monde autrement avec leur petite taille et qui sont plus près des gaz d'échappement…il en est de même pour les séniors qui aimeraient bien souvent conserver un corps et un esprit agiles.

N'ayons pas peur de comparer notre courbe de vie avec celle que nous connaissons pour un produit ou une entreprise. Nous vivons aussi une phase de lancement, de croissance, de maturité puis de déclin. Mais cette courbe peut être relancée en phase de maturité par une différenciation, un nouveau marché, souvent par un simple détail. Les exemples sont permanents. Pourquoi donc ne pas les appliquer à l'emploi ?

Listons certaines réalités : la situation économique est en attente de relance, les plus de 50 ans représentent souvent les gros budgets de l'entreprise avec une productivité souvent réduite, les entreprises utilisent volontiers les propositions de préretraite qui représente un réel coût d'inexploitation, les salariés acceptent peu souvent de réduire leur salaire réel en poste, un chômeur accepte souvent tout emploi potentiel au bout d'un an sauf que son CV est déjà souvent écorché pour une entreprise qui le juge déjà non opérationnel, un sénior se forme souvent moins facilement mais possède une expérience souvent peu valorisée, un sénior au chômage appréhende de prendre un poste qui peut être aléatoire et ne plus toucher d'indemnités, un réapprentissage relationnel est souvent régulièrement nécessaire pour employeur et employé, les entreprises embauchent plus facilement avec des aides et incitations sans voir souvent les apports et effets de leviers des compétences, plus de la moitié des personnes nées après 1960 seront centenaires, on vieillit plus et mieux avec des besoins de financement normaux ou élevés pour la retraite en cas de défaillance de santé, on préfère finir sa vie de façon décente si possible chez soi, les couvertures financières régulières sont moins élevées qu'en salaire et tout le monde ne possède pas un patrimoine conséquent, certain retraités sont expulsés des maisons de retraite pour non paiement, le besoin d'argent est limité à partir d'une certaine tranche d'âge sauf à devoir aider les enfants mais qui ensuite sont souvent garants du soutien financier des parents, nous n'avons toujours pas trouvé la solution de financement de la dépendance notamment avec la maladie d'Alzheimer en dehors des contrats privés, plutôt appréciés par les classes moyennes et en ruralité sans fort patrimoine et ne réclamant pas d'assistance, il est plus facile de souscrire des garanties de prévoyance par un contrat collectif à un certain âge où les difficultés de santé apparaissent, nous possédons de nouveaux outils de prévoyance, certains retraités aimeraient travailler de façon bénévole ou pas et employer certains actifs, certaines entreprises lancent de nouvelles activités ou de nouveaux services en regroupant les personnes inactives, il est souvent possible de créer une activité entre personnes sans activités que d'intégrer une personne à reclasser, les plus âges peuvent aussi s'en sortir en se regroupant entre eux par la création d'associations ou d'entreprises commerciales ou de services, les séniors peuvent assurer un tutorat des jeunes en entreprises mais aussi enseigner la lecture, certaines matières scolaires ou garder les enfants. Ils peuvent également aider au développement du tourisme. L'entreprise peut cotiser et abonder d'une certaine façon à la prévoyance et à la retraite avec garanties sauvegardées sur toute la durée de vie.

Au regard de tous ces constats, il semble opportun de créer une « intelligence post 50 ». Au-delà d'aides, le premier axe de travail sera de valoriser les compétences et apports dès 45 ans quand les séniors sont encore en entreprise ou pour qu'ils la réintègrent par une interdépendance entre ce qu'ils peuvent continuer à apporter à l'entreprise avant de partir et inversement, sans attendre la pré retraite quand il est déjà trop tard ou le coup de théâtre d'une annonce de licenciement.

Le second axe sera de sensibiliser les entreprises à embaucher des « post 50 » et les universités à créer des formations pour adultes, ce qui est déjà fait dans certaines régions en liaison avec pole emploi.

Le troisième axe sera de créer une dynamique entre post 50, voire 45 avec les aides et dispositions d'Etat existantes mais surtout en mettant en place un « pack anti crise » coach, spécialiste et mentor et en lançant des initiatives de création d'entreprises et de services avec financements liés.

Un préalable sera l'acceptation d'une certaine interdépendance qui devra être validée sur le principe de rémunération globale, de la baisse du poids salarial et sans doute la légitimité de trouver une nouvelle répartition de salaire en s'orientant notamment vers les solutions de retraite et les assurances dépendances qui peuvent être une vraie opportunité d'accompagnement par l'entreprise. On ne prend pas suffisamment conscience que cent euros de salaire brut revient à 70 net mais coûte 150 à l'entreprise mais que ces cent euros versés en prévoyance ou retraite sont peu chargés fiscalement et socialement. Dans certaines entreprises, ces budgets sont augmentés car ce qu'ils ont fait « à l'intérieur » en approchant l'aspect rémunération en confiance et sur la durée, s'est vu « à l'extérieur ».

C'est par exemple en agissant sur le social que parfois les ventes sont reparties dans certaines PME où le décloisonnement est plus aisé à réaliser. Il conviendra au cas par cas de créer un collège ou un groupe de salariés, sans discrimination, acceptant ce mode de rémunération avec une vraie pédagogie vers les URSSAF. N'oublions pas que l'Europe peut aussi faciliter cette démarche via par exemple le programme Grundtvig d'enseignement d'éducation et de formation tout au long de la vie des adultes pour partager les connaissances et expériences. Les actions de conseil et de pédagogie peuvent aussi être aidées par des cabinets de conseil et cofinancée par le Fonds Social Européen.

Cette relance peut avoir un triple effet : réduire le chômage, financer la retraite et financer la dépendance. Ajouter à cela une démarche de risk management, de capitalisation des connaissances, de création de valeurs, et de relance dans l'entreprise par une transparence de communication, sans oublier que nous savons maintenant que nous pouvons entretenir nos neurones toute notre vie. C'est sans doute aussi une chance pour la ruralité. Une initiative « emploi post 50 » reposant sur l'approche exposée sera prochainement lancée par NOVIAL sur les régions Bourgogne et Franche Comté avec certains partenaires identifiés travaillant déjà sur ce segment sensible et site dédié.

L'EFFET DE LEVIER HUMAIN
DU RENSEIGNEMENT
ET DE L'INTELLIGENCE ECONOMIQUE

Un récent documentaire réalisé sur les missions militaires en Allemagne pendant la guerre froide m'incite à rédiger cet article de sensibilisation pour les chefs d'entreprise et leur personnels, mais aussi pour toutes les personnes concernées par les richesses de leurs pays. Vous en serez peut-etre étonnés comme mes nombreux élèves ou auditeurs qui s'amusent à me redire, après plusieurs années, ce qui les avait marqué.

A l'heure où le renseignement, qui est surtout le fait d'une administration comme le souligne le coordinateur national, et l'intelligence économique (IE) bénéficient des techniques électroniques et photographiques poussées, qui « tuent aussi parfois l'info avec trop d'info », le vecteur humain, à l'origine du renseignement, peut et doit reprendre toute son importance et sa juste valeur ajoutée. Je vais comme à mon habitude tenter un fil rouge cette fois entre les aspects militaires et civils d'entreprise.

Je vous renvoie sur mon article des 3 piliers de l'IE au service de la défense nationale pour comprendre les fondements de l'IE. S'il existe 3 composantes (protection, veille et lobbying), il existe 2 moyens de les mettre en œuvre : technologiques et humains. Rappelons-nous également que 20 % des informations sont dites « fermées » à coefficient élevé dont 5 % très élevé. Les satellites ne suffisent pas pour connaître les intentions réelles. On peut voir des troupes s'amasser sans savoir quel est vraiment l'objectif. Mais il est vrai aussi que les satellites peuvent mettre en alerte comme par exemple au Mali, encore faut-il avoir le bon crédit de fuseau au bon moment.

Une guerre mondiale a été évitée plusieurs fois, grâce notamment au sang froid d'un commandant de sous marin russe qui n'avait pourtant pas reçu le contre ordre de lancement lors de la crise de Cuba. Mais comme le reconnaissent de nombreux anciens responsables, la guerre froide est sans doute aussi restée froide grâce aux missions militaires en Allemagne qui pouvaient voir si la guerre était en marche ou pas de chaque coté, tout en maintenant une tension juste et raisonnable. Ce jeu « je te tiens, tu me tiens... » consistait à en donner mais pas trop. Elles étaient acceptées par les alliés et les Soviétiques, d'ailleurs plus souples que la STASI des Allemands de l'Est, non reconnue par les alliés. Ce système d'interdépendance « gagnant – gagnant » n'est pas forcément compris par les dirigeants ou responsables d'entreprise, voire d'administration, qui veulent tout avoir sans donner en échange, s'enfermant ainsi dans l'impasse et le « one shoot ».

L'émotion et le pigment de la recherche de renseignement et d'informations sont différents et pourraient être comparés à ceux d'un sous-marin « coque noire » d'attaque qui sait qu'il est pisté et qui ne cherche donc pas à disparaitre, alors qu'un sous-marin nucléaire lanceur d'engin fait des ronds dans l'eau, croise d'autres bâtiments pour ensuite s'évanouir dans l'océan au moment où on ne l'attend pas. L'un chasse au contact, l'autre ne doit pas se faire repérer et bénéficie de technologies poussées, jusqu'à la recherche de microbulles pour réduire tout bruit pouvant le démasquer. Le cas du navire de surface « coque grise » bien identifié et non dissimulable, porteur du drapeau national, qui met néanmoins ses oreilles et ses yeux partout, est encore différente, un peu à l'image de l'attaché de défense ou du conseiller économique qui n'oublient pas qu'ils ont un lien avec leur pays. Il doit en être de même pour le fonctionnaire bruxellois qui travaille pour l'Europe vis-à-vis par exemple des Etats-Unis et de la Chine sans avantager pour autant son propre pays. Que dire des dirigeants, commerciaux et ingénieurs français, européens, étrangers que vous côtoyez, ou ceux que vous n'avez pas identifié ? Sont-ils coque noire ou grise ?

Parfois l'information vient par hasard et plus facilement que prévu. J'emploie souvent en coaching l'histoire de ce voleur de cuivre qui était venu me dépanner avec... des fils de cuivre pour mieux montrer ses remords et se défausser. Mais faute avouée à moitié pardonnée... Le cas est différent pour cette entreprise d'horlogerie dont le patron est sorti voir ce que je faisais sur son parking ... alors que je cherchais simplement l'entrée pour parler de recherche industrielle sur un matériau particulier. Rien n'était mieux pour comprendre qu'il existait une problématique et que certains secrets, techniques ou pratiques étaient convoités, ce qui me fut confirmé par la suite. Le responsable de production n'a pas voulu me recevoir sachant que j'allais fréquemment en Suisse et que je faisais de la stratégie et de l'IE. Parfois la chance fera qu'une simple discussion pendant un long trajet en avion vous permettra de gagner un temps précieux sur vos recherches qu'il ne s'agira finalement plus qu'à vérifier. De l'autre coté, ce trajet verra peut être plusieurs années de labeur volées en quelques heures…

Comme les coques grises, les missions militaires bien identifiées, dont je n'ai pas fait partie mais que nous voyions lors de nos manœuvres interalliées, rentraient légalement contrairement aux unités d'élites et aux espions déguisés en hommes d'affaires ou sportifs. Ces militaires officiers ou sous officiers étaient pistés jours et nuits et le savaient. La mission consistait surtout à prendre des photos, à répertorier les unités et leurs matériels mais parfois aussi à profiter de certaines situations. Ils devaient aussi savoir quand ils passaient la ligne rouge et ce qui pouvait leur arriver. Comme le racontait un ancien officier, tomber par exemple sur un QG sans surveillance n'est pas donné tous les jours, avec tous les risques que cela représente, surtout quand une sentinelle attend à coté de la voiture… Il n'y avait pas d'échanges de personnes, comme pour les espions, car ces militaires n'étaient pas appréhendables. Il y avait parfois des morts camouflés en accident sans créer pour autant de guerre. Parfois il était possible de rapporter une bombe, un morceau de blindage réactif laissé par terre.

En entreprise, il est également possible de ramasser certains copeaux lors d'une visite d'usine quand le « 5S » est mal fait. Parfois, on laisse tremper le bout d'une une cravate munie d'une éponge dans un bain de révélateur, comme nous le racontons souvent. Ce jour là, il n'y eu pas de morts mais une cravate offerte en cadeau et échangée, la direction s'étant aperçu du petit manège. Parfois, il suffit aussi de se baisser en entreprise pour récupérer de l'information ouverte mais combien précieuse que sont les plaquettes, mais aussi les journaux syndicaux, les journaux internes qui peuvent dévoiler certains éléments cachés.

L'humain est un atout mais aussi un risque pour maîtriser « dans le bon sens » les règles de franchissement de la ligne imaginaire, la ligne rouge ci-avant, du passage à l'acte entre l'action légale et illégale surtout en fonction des préférences de comportement et du profil de personnalité de l'acteur (voir plus après). Parfois, lors des visites banales d'entreprise, l'envie est là de prendre quelques photos d'ateliers, de machines, voire même de panneaux d'informations … et c'est d'autant plus facile avec votre téléphone, sauf quand on vous demande de le laisser à l'entrée. Si vous enfreignez les règles imposées et si vous vous faites prendre, vous savez que vous ne reviendrez pas, voire que vous pourrez encourir des poursuites. Il en est de même aussi pour nos missions d'intelligence économique où la limite est parfois fragile et où il faut savoir tenir tête au chef d'entreprise qui demande et trouve normal d'aller fracturer le coffre ou le tiroir du concurrent, voire d'aller poser des micros, alors que c'est totalement illégal et la sanction est proportionnelle en cas de délit. Par contre, le risque est minime de rentrer dans des soirées ou colloques sans y être forcément invité, sauf à vous faire reconduire à la sortie. Le mieux est encore de trouver le moyen de s'y faire inviter, même sous un autre nom …

Lors de la chute du mur de Berlin et du dégel, les images furent disponibles ainsi que les matériels qui nous maintenaient en tension et que nous étions fiers d'avoir pu identifier grâce surtout aux militaires qui avaient pu prendre de nombreuses photos. On retrouva les mêmes personnes ensuite pour le contrôle des désarmements et ils pouvaient même cette fois se serrer la main. Tout le monde était conscient qu'il n'était pas possible de tromper l'autre partie qui avait envoyé des experts. Parfois, en entreprise, quand les projets sont dévoilés, les experts peuvent aussi s'en mettre plein les yeux, vérifier leurs estimations et même se serrer la main et nous savons aussi peu à peu qui vient visiter les entreprises…

L'entreprise a souvent découvert le client avec l'ISO 9001. Elle découvre souvent aussi ses pépites et points faibles avec la sécurité et l'intelligence économique. Je vais scier ma branche de consultant en disant que, comme en qualité, on considère trop souvent que la sécurité est l'affaire des spécialistes alors qu'elle concerne tout le monde. Rien ni personne n'est à l'abri de quoi que ce soit. Même Superman… Bien sur vous pouvez faire appel à un spécialiste pour vous aider ou traiter à votre place. Mais comme en risk management, où parfois on en conclut que l'on n'a pas besoin d'assurance, sauf réglementaire, il s'avère qu'un peu de bon sens et de responsabilisation ainsi qu'une notion de prise de conscience du processus permet de trouver seul la problématique et sa réponse. Les réseaux sociaux, qui peuvent vous mettre en veille dans votre vie quotidienne, œuvreront aussi peut être pour une meilleure sensibilisation dans l'entreprise.

Nous dissimulons souvent l'IE à travers des missions de stratégie, d'études générales, d'analyses de projets ou de partenariat, contrairement au lobbying où nous affichons clairement, selon une charte, pour qui nous travaillons. Parfois les chausseurs sont les moins bien chaussés…comme ce cabinet d'intelligence où j'attendais dans la salle d'attente avec une oreille ouverte sur la réunion d'à coté. Que dire de ce cabinet de psychologie où j'allais pour ma certification de coaching et où j'entendais tout ce que le patient précédent disait, et qui pouvait tres bien être un grand dirigeant d'entreprise. Que dire enfin de cette gendarmerie où la salle d'attente est à coté du bureau du commandant et où bien entendu rien n'est caché à travers la paroi fine si l'on s'assied du bon coté. Dans nos mission d'IE en entreprise, parfois les interviewés se doutent pour qui nous travaillons. Ils donnent parfois de la vraie information de dissuasion, comme vis-à-vis de ce grand groupe qui cherchait pourquoi il avait perdu certains marchés et qui devait comprendre qu'il n'avait pas su lire l'énoncé de l'appel d'offre, ou parfois de la désinformation en connaissance de cause. Tout doit être passé dans le tamis et parfois la pépite est là. Dans certains cas, c'est l'assemblage d'informations parcellaires qui donne l'image sensible et confidentielle.

En tant que militaire, il est un devoir de dire si l'on est approché ou pas. Il doit en être ainsi également dans l'entreprise. Les techniques de récupération d'information lors de la guerre froide, visant à approcher des personnes aigries, déçues par leur pays ou une entreprise stratégique, se retrouvent vite dans l'intelligence économique où l'on peut aussi passer par un recrutement ou une relation mondaine ou personnelle pour en savoir plus.

S'agissant des vols, dites vous que celui d'un d'ordinateur dans une entreprise n'est pas forcément « banal », et que cela n'arrive pas que dans les très grandes, même tres sécurisées et où un réapprentissage est souvent à refaire. De même, le piratage d'un site internet n'est pas forcément fait au hasard surtout quand cela arrive plusieurs fois. Mais savoir que les sites des ministères sont également piratés permet de se dire que si vous l'êtes, c'est que votre projet ou vos actes dérangent ou attirent. Mieux vaut souvent s'en féliciter sauf bien entendu si vous perdez des clients.

Si l'intelligence économique doit être une attitude collective, parfois certaines piqures de rappel sont indispensables. Certaines cellules d'IE sont mises en place dans des entreprises mais, contrairement aux effets recherchés, sont parfois encore plus recluses, considérant enfin qu'il y a un spécialiste… La circulation de l'information est primordiale dans l'entreprise. Parfois le chasseur d'information tombe dans le syndrome du *Seigneur des anneaux* et du « précieux » qu'il faut garder à tout prix. Cela peut déstabiliser tout un système, voire une source prépondérante. Dans mes premières missions en Asie, en toute conscience professionnelle, je prenais des photos par dizaines et faisais trois « rapports d'étonnement » différents plus ou moins détaillés en fonction des destinataires. A la sixième mission, mon chef s'est étonné que je ne prenne que peu d'images. J'avais même oublié mon appareil pour ce superbe diner au bord de mer avec geishas. J'étais tout simplement en interrogations sur les résultats précédents et attendais ce moment pour lui en faire la remarque.

En entreprise, les personnels ne sont pas forcément formés pour la protection et la recherche d'informations mais doivent prendre conscience du triangle d'or de circulation entre les commerciaux qui peuvent rapporter de précieux éléments du terrain, les responsables marketing qui sont en situation méta et la production qui réalise sans oublier le management ! Il en va de la survie de l'entreprise afin d'éviter de nombreuses erreurs de cloisonnement et de productions farfelues, comme par exemple ces bouteilles d'huile sans collerette pourtant si précieuses pour la ménagère, ou alors cette absence d'analyse de la valeur technologique d'un produit entre un client européen et un client d'une zone désertique.

Sans tomber dans le film d'espionnage, hélas tiré de la vie de tous les jours, j'aborderai d'autres éléments repris dans nos formations qui abordent un peu les éléments techniques mais surtout les avantages, risques, forces et faiblesses de l'approche humaine entre les éléments contrôlables et incontrôlables.

Savez vous que votre courrier peut être lu en ouvrant et refermant votre enveloppe sans que vous vous en rendiez compte mais aussi sans l'ouvrir en utilisant une bombe cryogénique pour voir à travers le papier? Savez-vous que le truc du cheveu entre le montant et la porte de votre armoire, ou sur vos bagages, est un bon moyen pour voir si vos affaires ont été visitées lors de votre mission ? Essayez, vous serez peut-être surpris…Parlez-vous toujours aussi fort dans le train en imaginant que vous êtes au bureau ou dans votre salon au risque de renseigner un concurrent ou de perdre un futur client qui n'a pas envie que son dossier ou sa technologie soit divulgués ? Les personnes à qui j'en fais la remarque me répondent parfois, en se protégeant, que je n'avais pas à écouter … no comment. Montrez-vous vos présentations PowerPoint à tous vents ? Savez-vous à qui vous parlez dans les bars ou sur facebook ? Il en est de même quand vous laissez votre ordinateur allumé sans surveillance dans un lieu public. Sans parler du Bluetooth, ni de la clé USB qui peut aspirer en quelques secondes plus que vous ne vous voulez lui en donner …

Bien entendu le paysan breton qui a l'habitude de laisser les clés de contact sur sa voiture sera étonné que cela ne se passe pas de la même façon ailleurs… et surtout dans le monde des fous à Paris quand il vient au salon de l'agriculture. Je ne suis pas non plus surpris des reportages pièges des caméras cachées. Savez-vous que le sms parti à l'autre bout de la pièce peut parcourir des milliers de kilomètres entre temps et être intercepté par la NSA ou autre organisme si le comportement humain y a glissé certains mots clés ?

L'effet de levier humain formé à la PNL peut détecter les gestes qui nous trahissent ou qui peuvent trahir votre interlocuteur : on peut se gratter le nez quand il nous pique mais parfois aussi par gène. Le satellite ne pourra pas forcément voir la pupille se dilater, les yeux cligner plus ou moins rapidement que d'habitude, ou l'explication d'une transpiration excessive en cas d'embarras. La machine détectera des bruits mais, comme dans un sous-marins, l'oreille et l'intelligence humaine pourra trouver LE bruit qui fera la différence. Si la machine apportera un flot d'informations, l'humain saura s'il faut assembler ou non le puzzle qui créera l'image confidentielle à partir d'éléments insignifiants pris indépendamment.

Certaines fables des Fabliaux du Management sont consacrées à l'intelligence des comportements comme la théorie du pissenlit, le Centre da Capitalisation des Connaissances, les hirondelles et moucherons, les bûcherons et voyageur, la touche finale, le prédateur, l'arme secrète, le surfeur et les requins et le pouvoir des sigles.

L'effet de levier humain pourra ressentir les différences d'intonation affichant des significations différentes d'un même mot ou d'une même expression par rapport à la non saveur du sms, comme par exemple, « bon vent » ou « descendez-le » (voir article).

Comme en approche client ou en négociation commerciale, qui est souvent un élément clé de la recherche d'informations, l'effet de levier humain pourra voir chez votre interlocuteur les aspects de morphologie, puis entendre ses besoins psychologiques (PCM) et enfin appréhender ses balances de comportement (MBTI), voire en les confrontant dans l'hyper-matrice transactionnelle ® en cas de problème de résonance. Il vous aidera à créer une interdépendance des comportements, à déclencher la réciprocité, que les machines ne savent pas (encore) installer, pour donner confiance ressentir la personnalité de l'autre et décrypter les éléments de communication et d'écoute active, voire comprendre s'il est opportun ou risqué de sortir un carnet, un crayon et un magnétophone.

L'effet de levier humain pourra comprendre, comme en lobbying, que stratégie vaut mieux que persévérance et que parfois il est important de fréquenter les mêmes clubs ou de se demander d'où sort ce nouveau membre.

Si vous avez décidé de travailler en partenariat, et donc d'échanger des informations, l'effet de levier humain vous fera mieux prendre conscience qui vous êtes et qui est votre partenaire afin d'éviter le coup de théâtre puis une courbe du deuil attendue après avoir découvert que la nature humaine est plutôt prédatrice et qu'il faut savoir protéger son projet. Même si l'INPI existe, elle ne remplace pas la prise de recul. De même que les filatures militaires ont été transcrites dans le monde des affaires comme dans le monde privé, il est parfois bon également de savoir qui fréquente vraiment son partenaire… Si l'appareil électronique vous indiquera les flux, entrées en sorties, le travail des polarités vous permettra peut-être d'en déduire qu'il y a une autre porte de sortie ou que votre cible a changé d'apparence et donc aussi que le produit n'a pas été utilisé de la façon convenue. Les Japonais se sont longtemps rappelés des pénalités infligées par les Américains suite à la découverte de la réexportation de composants électroniques. Mais cela leur a aussi donné l'occasion de découvrir la France et sa technologie…

L'effet de levier humain de l'apprentissage des typologies vous permettra de développer votre veille, votre vigilance et votre curiosité. Il vous aidera à « marcher sur vos deux pieds » pour vos attitudes et faire travailler toutes les parties de votre cerveau. Elle vous aidera à mieux réagir seul en situation ou de mieux travailler en équipe pour accéder au renseignement ou pour mieux vous protéger. Vous retrouverez la gymnastique des polarités du MBTI dans de nombreux articles précédents. Dans certains cas votre attitude psychologique devra être extravertie et dans d'autres plutôt introvertie. Serez-vous capable de capitaliser sur votre pole introverti et ne pas parler de ce projet même avec votre meilleur ami ? Ou serez-vous capable pour une fois d'en parler pour tester si c'est une si bonne idée que ça ? Par ailleurs, toute organisation minutieuse devra avoir prévu la réactivité possible à tout imprévu. La gymnastique cérébrale s'effectuera sur la recherche d'information et la prise de décisions. La première devra être équilibrée sur des détails mais aussi sur des concepts et des assemblages. La seconde devra être mesurée entre d'une part une pensée logique et critique plutôt tète froide et d'autre part une attitude de ressenti et de mise en situation.

Cet équilibre permettra aussi d'imaginer plusieurs options d'explication à plusieurs degrés. Il permettra une « méta situation » allant au-delà des chiffres collectés, de comprendre l'intelligence d'un bilan ou d'un compte de résultat. Certains utilisent les codes couleurs respectivement bleu, jaune, vert et rouge. Travailler votre cerveau vous permettra aussi de vous poser les bonnes questions et d'éviter de porter le chapeau à une mise en scène si vous savez comprendre qu'il vaut mieux rester sur les lieux afin de déjouer toute suspicion mais sans pour autant faire croire que l'on joue au voleur de cuivre ! Votre travail sur vos polarités vous permettra peut-être aussi de faire effort pour aller discuter avec cette personne que vous n'aimez pas si personnes d'autre ne peux se synchroniser mieux que vous.

Les militaires ont aussi découvert avec recul que l'effet de levier humain pouvait faire ressortir d'autres options de manœuvre en analysant de façon globale ce que pouvait faire le chef ennemi en fonction de sa personnalité, son expérience, sa formation, son style de commandement. Il en est de même avec le chef d'entreprise concurrent.

Au même titre qu'il existe des gestes élémentaires de survie de la personne, il doit exister des processus élémentaires de survie pour votre entreprise comme par exemple réaliser un inventaire permanent du patrimoine, contrôler les accès physiques, sélectionner les prestataires, savoir organiser des visites, sécuriser les poste de travail (sans forcément désormais mettre du schwingum dans les prises USB), instituer et changer les mots de passe différents que le nom de votre chat ou de votre date de naissance, réaliser régulièrement des sauvegardes, nettoyer et limiter les courriels et les pièces jointes, débarrasser son bureau … et tout ceci sera facile pour certaines personnes et plus compliqué pour d'autres qui sauront toutefois être sensibilisée devant certains témoignages.

L'effet de levier humain apparaît aussi dans les liens particuliers des réseaux professionnels qui sont souvent sous-estimés.

La carte de visite est souvent utile pour savoir à qui l'ont parle même si tout le monde peut en fabriquer… mais l'effet de levier viendra avec parfois la façon de donner sa carte. N'hésitez pas à noter, après coup, le lieu et la date de rencontre sur les cartes de vos correspondants…ils seront toujours surpris et verront votre professionnalisme ou … pourront prendre peur ce qui dévoilera aussi qu'ils ont quelque chose à cacher ! Attention également, un X n'a pas la même valeur s'il a fait les mines, les ponts ou l'armement.

Je tenais à en terminer avec trois points clés du professionnalisme de la relation. Il est possible de préparer une visite humaine en se posant certaines questions : suis-je capable de reconnaître mes interlocuteurs ? Que sais-je d'eux ? Qui ont-ils déjà rencontré ? Dois-je prévoir un cadeau ? Saurai-je dire quelques mots dans leur langue pour créer une atmosphère personnalisée? Me suis-je renseigné sur les coutumes ? Combien de temps dois-je séjourner ? Dans quel hôtel ? Ai-je préparé des questions pour ne pas les mettre dans l'embarras ? etc.…

Savoir préparer une réception humaine reviendra à savoir comment réagir diplomatiquement à un incident gênant, comment répondre à une question gênante, à revoir l'historique des rencontres, s'être renseigné sur la nourriture à offrir pour le repas, s'il fallait prévoir des cadeaux ? etc.…

Savoir préparer une réunion humaine permet de tout passer en revue de A à Z : les matériels ont été testés ? Ai-je prévu les en-cas ? Ai-je prévu le plan de la salle ? N'ai je oublié aucun titre ? Ai-je prévu la logistique ? Ai-je résolu tous les problèmes potentiels à l'accueil ? Ai-je suivi les consignes de sécurité ? etc…

Ces trois préparations sont naturelles pour les uns et un effort pour les autres mais doivent être réalisées. Il en est de même pour savoir rendre compte ! Quelle drôle d'idée pour certains ! Là aussi, certains profils devront faire effort. Nous apprenions pourtant cela dans les formations militaires, disparues désormais pour les civils ... Et si vous estimez être prêts, souvenez vous aussi que les vaccinations doivent être souvent actualisées et que certaines devraient ne pas disparaître. Il en est de même avec le renseignement et l'intelligence économique où les piqûres de rappel doivent être programmées afin d'éviter de tomber de haut, comme cet alpiniste qui se croyait invincible après 25 ans de pratique. En termes de protection, comme en optimisation de recherche d'information, prenez garde à l'accoutumance, à l'ornière qui se creuse et n'ayez pas peur de (re)faire votre réapprentissage.

Table of Contents

A la suite des Fabliaux du Management, cette série de recueils de management rassemble certaines fiches et articles utilisés notamment lors d'interventions en conseil, coaching, animation ou formation. Chacun illustre une facette ou un thème pouvant faciliter la compréhension et l'optimisation de la relation, des structures et des projets ainsi que des attitudes et des situations suscitant la prise de conscience dans des univers différents. Je vous invite à lire ces histoires sur « vos deux pieds » et mettant parfois « d'autres lunettes ». Comme pour les fabliaux, vous pourrez lire, assimiler et mettre facilement en pratique une fiche par jour. Vous y retrouverez certaines métaphores illustrées et vous y découvrirez également certaines méthodes de gestion des organisations simples ou complexes. Mais y figurent cette fois davantage d'outils de psychologie et de coaching qui font partie du concept de la boîte à outils SPM (Stratégie, Process, Psychologie, Management, Marketing, Mental) que j'ai créée pour vous aider à mieux comprendre certaines réalités et mieux atteindre vos objectifs ainsi que ceux de votre organisation.

François CHARLES est coach professionnel, conseil et formateur individuel et collectif. Il est créateur de NOVIAL Institute et Consulting et animateurs d'un groupe d'intervenants en stratégie, intelligence économique, management et développement personnel. Il a acquis une connaissance et une intelligence globale des métiers, du vocabulaire et des enjeux des organisations à travers des expériences fonctionnelles et opérationnelles en stratégie, management, maîtrise des risques, protection financière et sociale, coopération et négociation internationale. Après un passage dans l'armée de terre, il exerce à la Délégation Générale pour l'Armement puis dans l'industrie et comme consultant dans un grand cabinet d'audit puis de façon indépendante, au profit structures, des projets, des cadres, des dirigeants et des équipes. Convaincu de l'effet de levier humain, il est certifié MBTI individuel et collectif et Team Management System, formé au 360°, à la Posture de Coach, à la Process Comm, à l'Ennéagramme, à la PNL et à l'Analyse transactionnelle, à l'intervention de crise humanitaire internationale, à l'analyse transactionnelle et au renseignement. Il suit les déontologies de la Société Française de Coaching et de L'International Coach Federation (ICF) dont il est membre France et monde. Il est auteur des « fabliaux du management – penser autrement pour agir autrement» (Ed. Chiron 2002), d'ouvrages sur la politique générale européenne, des booklets mémos®, du modèle SPM® et intervient également comme professeur vacataire dans certaines universités et écoles de management.

www.ingramcontent.com/pod-product-compliance
Lightning Source LLC
Chambersburg PA
CBHW031524270326
41930CB00006B/516